Susanne Dobesch

Johann Grander

Susanne Dobesch

Johann Grander

URANUS

ISBN 3-901626-29-8

2. Auflage 2005

Design: Sheela Kronheim
Layout & Producing: message Medien- & VerlagsGmbH, Manuela Strasser
Lektorat: Martina Paul
Korrektur: Ulrike Pfeiffer
Druck & Reproduktion: U.V.O. Vertriebs GmbH. A-6100 Seefeld
Auslieferung für Österreich: Mohr Morawa, A-1230 Wien
Auslieferung für Deutschland und Schweiz: Michaels Vertrieb, D-86971 Peiting

Inhalt

Vorwort

Achtung, eine Biografie kann gefährlich sein und Schaden anrichten! Vor allem bei der dargestellten Person. Das geschriebene Wort ist meist zu eindimensional, um eine vielschichtige Persönlichkeit zu erfassen. Es bedarf einer sensiblen Balance, um jenes Maß an Nähe und Distanz gleichzeitig zu halten, aus der dann eine Annäherung an ein gerechtes Bild des Beschriebenen entstehen kann.

Und es ist schwer, zu einem Menschen Distanz zu halten, der so einfach und offen ist, dass er bereits nach kurzem Kennenlernen jene Nähe und Vertrautheit vermittelt, die man sonst bestenfalls bei langjährigen Freunden erleben kann. Ständig läuft man Gefahr, der Faszination des Augenblicks zu verfallen und ihn so zu porträtieren, dass ein Dritter es als Verherrlichung empfinden könnte. Schon beim Lesen der ersten Manuskriptentwürfe war nicht zu übersehen, dass eine Hymne an Johann Grander auf dem Papier stand, also etwas, das diesem Mann, der jeden Rummel um sich selbst ablehnt, dem nichts mehr zuwider ist, als im Mittelpunkt des Interesses zu stehen, in keiner Weise entspricht. Auch wenn jedes niedergeschriebene Wort stimmt, ist das Ganze doch mehr als die Summe aller Einzelteile. Schaden würde man der skizzierten Person, wenn nicht mehr als ein schlichtes Loblied über sie übrig bliebe.

Auch die aktive Person, der Autor oder die Autorin, laufen Gefahr, sich zu blamieren, wenn es nicht gelingt, die übergeordnete Aussage herauszuarbeiten.

Johann Grander ist im wahrsten Sinn des Wortes unbeschreiblich. Aber warum nimmt man diese Erkenntnis nicht zum Anlass, um es einfach bleiben zu lassen und zu sagen: dann halt keine Grander-Biografie. Die Antwort ist einfach und klar: Es geht überhaupt nicht um die Person und Persönlichkeit Johann Granders. Es geht um viel mehr, es geht um die Hoffnung auf eine Zukunft, in der Einheit und Frieden mit der Natur stattfinden kann. Immer deutlicher wird, dass das völlig rationalistisch und formalistisch technokratische Weltbild keine ausreichenden Antworten bietet. Johann Grander ist nur einer der Repräsentanten, die einen Hoffnungsschimmer auf ein freies und ungezwungenes Naturverständnis und damit auf überlebenswichtige neue gesellschaftliche Perspektiven vermitteln. Die Details seines Lebenslaufs mögen auf den ersten Blick vielleicht unbedeutend erscheinen, sie sind aber trotzdem entscheidend für das Ergebnis seines Denkansatzes, daher wurde ihnen breiter Raum gewidmet. Es ist eine Biografie, in der es nicht um die beschriebene Person, sondern ganz schlicht um eine Zukunftsvision geht.

Einleitung

Ist Johann Grander ein besonderer Mensch? Natürlich, denn nur über besondere Menschen werden Bücher geschrieben! So einfach ist das. Oder doch nicht ganz so einfach? Und was ist ein besonderer Mensch? Einer, der die Weltgeschichte bewegt, bedeutende Literatur verfasst, den Tuberkuloseerreger entdeckt, die Mondlandung ermöglicht, den Menschen klonen kann, den genetischen Code entschlüsselt, oder, oder, oder…?

Dieses Buch handelt von einem Menschen, von dem ich behaupte, dass er etwas Besonderes ist, und ich lade den Leser ein, mit mir den Lebensweg und das Werk des Tirolers Johann Grander abzutasten und vorsichtig nachzuvollziehen. Und noch einmal, er steht stellvertretend für alle Menschen, die etwas dazu beitragen, unsere Denkperspektiven zu erweitern.

Vorweg: Es ist eine Reise, die so gewöhnlich wie gleichzeitig ungewöhnlich ist. Wie jede aufregende Biografie ist auch die Grander'sche widersprüchlich und phänomenal zugleich. Die verschiedenen Lebensstationen scheinen, einzeln betrachtet, überhaupt nicht miteinander in Verbindung zu stehen. Abschnitte enden abrupt und eine offensichtlich völlig andere Person scheint das nächste Lebenskapitel zu beherrschen. Dieser Weg erinnert an die Metamorphose eines Schmetterlings, wobei die Raupe auch keine Ähnlichkeit mit dem Schmetterling hat, obwohl er ihre logische Entwicklungskonsequenz ist.

Eines steht bereits jetzt schon fest: Das Phänomen der Wasserbelebung, das der Naturbeobachter Johann Grander entdeckt hat, hat das Denken über Wasser nachhaltig beeinflusst. Über die tatsächliche Dimension dieser Entdeckung für die Zukunft und für künftige Generationen kann heute bestenfalls spekuliert werden.

Johann Grander verstand es, natürliche Energien, die im Wasser vorhanden bzw. aktivierbar sind, zu deuten und einer dauerhaften Nutzbarmachung zuzuführen. Seine Wasserbelebung wird, darüber besteht längst kein Zweifel mehr, in vielfacher Hinsicht einen revolutionierenden Beitrag zur Ökologisierung unserer Umwelt leisten, von der Trinkwasser-Belebung bis hin zur Belebung von Gülle ohne chemische Zusatzmittel und ohne zusätzlichen energetischen Aufwand.

Johann Granders Verdienst ist es, den fruchtbaren Kreislauf der Natur zu beobachten, zu interpretieren und vor allem die daraus resultierenden Erkenntnisse nutzbar zu machen. Damit hat er vielen Menschen die Augen über das Wunder Natur geöffnet.

Es ist erstaunlich, dass er, praktisch über Nacht, erst im fünften Lebensjahrzehnt, also in einer Phase der Reife, seine intensiven Beobachtungen aufnahm. In seiner frühen Vita spricht nichts von jugendlichem Forscherdrang oder einer an Genialität erinnernden Kindheit. Sie wird hier trotzdem beschrieben, da sie ein unverzichtbarer Bestandteil des Ganzen ist.

Zwar waren die Jahre des Beobachtens, des Experimentierens, des Versuchens und des Entdeckens für die Familie hart und entbehrungsreich, doch das klassisch-tragische Schicksal vieler zu Lebzeiten unverstandener Erfinder teilt Johann Grander nicht, nämlich, dass ihnen die öffentliche Anerkennung viel zu spät zuteil wurde.

Johann Grander und seiner Familie war es in den Jahren 2000 und 2001 gegönnt, die ersten Früchte seiner Entdeckungen zu ernten.

Im Jahre 2000 wurde er von der Russischen Akademie der Naturwissenschaften mit der höchsten an ausländische Forscher zu vergebenden Auszeichnung, der Silbernen Ehrenmedaille, bedacht. Im Jahr 2001 folgte die erste offizielle „heimatliche" Anerkennung mit der Verleihung des Österreichischen Ehrenkreuzes für Wissenschaft und Kunst durch das Österreichische Ministerium für Bildung, Wissenschaft und Kultur.

Stellte noch vor einigen Jahren Dr. Hans Kronberger, der Autor des Buches *Auf der Spur des Wasserrätsels,* die Frage, ob es Menschen gibt, die in eine andere Zeit oder Raumfiguration hineinsehen können, so deutet vieles darauf hin, dass es Johann Grander intuitiv gelungen ist, einem der größten Mysterien der Natur, dem Wasser, ein bedeutendes Stück näher gekommen zu sein.

Die Weiterentwicklung der Physik des Wassers ist die Herausforderung des 21. Jahrhunderts. Johann Grander hat diese Herausforderung angenommen und sich auch der Kritik der Wissenschaft gestellt, die ihm nunmehr bescheinigt, ein wirksames Verfahren der Wasserbelebung gefunden zu haben. Dieser Anerkennung gingen harte Konfrontationen voraus, die von ihrem Kräfteverhältnis äußerst ungleich waren: Auf der einen Seite der Naturbeobachter ohne entsprechende Schulbildung, auf der anderen der mächtige Apparat der Wissenschaft. Es ist ein kleines Wunder, dass sich die beiden gesellschaftlich völlig ungleich akzeptierten Pole zu einem recht vernünftigen Nebeneinander entwickelt haben.

Die Biografie von Johann Grander ist die Geschichte eines Menschen, der auf seine erstaunliche Beobachtungsgabe vertraute und mit fast prophetischer Sicherheit erkannte, dass er seine Experimente auch angesichts widrigster Umstände konsequent verfolgen musste.

Die entbehrungsreichen Jahre seines Lebens formten ihn zu einem gütigen und verständnisvollen Menschen, der mit weiser und gelassener Großzügigkeit die oft unfairen Anfeindungen in den Medien und seitens der Öffentlichkeit ertrug. Und es ist mir ein Bedürfnis zu sagen, Johann Grander ist nicht nur ein bedeutender Entdecker, er ist auch ein großartiger Mensch, dies gilt nicht nur für ihn persönlich, sondern für die ganze Familie Grander.

Susanne Dobesch

Die Welt des Johann Grander

Geografisch gesehen, beginnt die Welt des Johann Grander in Jochberg in Tirol, und hier endet sie auch. Hier ist er geboren und aufgewachsen, hier lebt er, und wenn eine hochrangige Delegation der chinesischen Staatsbahnen (7,2 Millionen Beschäftigte) ihn feierlich nach Shanghai und Peking einlädt, verdreht er belustigt die Augen und meint: „Ich gehöre schon hierher!" Gleiches gilt für die Wissenschafter der Russischen Akademie der Naturwissenschaft, die ihn nach Moskau locken wollten, um ihn dort mit Nobelpreisträgern zusammenzubringen. Ihnen bekannte er: „Ich freue mich, wenn ihr mich besuchen kommt, aber einmal im Jahr nach Kitzbühel zu fahren ist für mich Reisen genug!"

Seit Beginn seiner Beschäftigung mit den verborgenen Kräften des Wassers ist er sesshaft geworden, möchte seine Frau, seine Familie, seine Experimentier- und Denkerhütte, sein Bergwerk „Kupferplatte" und den Familienbetrieb *Innutec*, in dem belebtes Wasser abgefüllt wird, nicht mehr verlassen. Besonders zum heute noch aktiven Schaubergwerk „Kupferplatte" hat Johann Grander eine enge emotionale Beziehung.

Grander war immer bestrebt, für seine Wasser-Experimente sauberes, reines Quellwasser zur Verfügung zu haben, das er sich ursprünglich von einer Quelle am nahe gelegenen Pass Thurn holte. Franz Salvenmoser, ein guter Bekannter, brachte ihm öfter Wasserproben aus dem Stollen „Kupferplatte". Bei einer mikroskopischen Untersuchung des Wassers sah Grander, dass sich die Mineralien zu wunderschönen Kreuzen formten. Diese Beobachtung war für ihn der Hinweis, das Bergwerk zu kaufen, um endlich eine eigene Wasserquelle zu besitzen, die seinen Vorstellungen von Qualität entsprach. Der Zufall wollte es, dass der damalige Besitzer, ein Pelzhändler aus Frankfurt, das ehemalige Bergwerksareal tatsächlich verkaufen wollte. Gleichzeitig wurde mit der verstaatlichten österreichischen Industrieholding *AMAG* über den Verkauf der Bergwerksrechte verhandelt, die per 1.1.1990 der Grander-Firma *Innutec* übertragen wurden.

Rund um Jochberg wurde 3000 Jahre lang im Untertagbau Kupfer geschürft. Bis zu 160 Bergleute gewannen im dreißig Kilometer langen Stollengeflecht bis zu 1800 Tonnen Kupfererz pro Jahr, das bis zum Jahr 1874 auch vor Ort in Jochberg verhüttet wurde. 1926 wurde der unrentabel gewordene Abbau eingestellt. Bis zum Jahr 1989 blieben die weit verzweigten Stollen und Schächte sich selbst und damit dem Verfall überlassen.

Als im Jahr 1989 der Verkauf des Grundstücks vor dem Bergwerk anstand, gewährte der Direktor einer Kitzbüheler Bank der Familie Grander einen Kredit zum Ankauf des Grundstückes. Fast alle Familienmitglieder mussten mit ihrer Unterschrift bürgen und das finanzielle Risiko gemeinsam tragen. Die Familie Grander erhielt auch die wertlos scheinenden Bergrechte in der „Kupferplatte". Das Bergwerk sollte, so die Vorstellung der Familie, für Besucher wieder geöffnet werden. Nach nur einem Jahr harter Arbeit, in dem vor allem die Kinder kräftig Hand anlegten, Felsbrocken um Felsbrocken aus dem Stollensystem zu entfernen, konnte am 29. 7. 1990 die malerische Minilokomotive mit kleinen Anhängern ins Berginnere einfahren. Vor dem Schau-Bergwerk mit der liebevoll restaurierten Grubenbahn steht heute das langgestreckte Betriebsgebäude der Firma *Innutec*, die vollständig im Besitz der Familie Grander ist. Dort arbeiten die Kinder Hans, Heribert, Stephanie, Heidi und Enkelin Julia.

Der Vater allerdings ist der über allem schwebende Geist des Familienbetriebes. Das Familienteam ist so harmonisch eingespielt, dass es keiner deklarierten Befehlshierarchien bedarf. Johann Grander sen. pendelt zwischen seiner Denkerhütte neben dem Wohnhaus und der *Innutec*, in der er auch eine Werkstätte eingerichtet hat und vorwiegend gemeinsam mit Sohn Heribert experimentiert.

Johann Grander ist zumindest äußerlich durchaus das Abbild eines typischen Tirolers, ja man könnte ihn sogar als echten Bilderbuch-Tiroler bezeichnen: groß, kräftig, gerade Haltung, die Haut von Wind und Wetter gegerbt, markante, von einem langen, dichten Vollbart eingerahmte Gesichtszüge. Da ist aber noch etwas: zwei strahlende, hellwache Augen, die ihn irgendwie unbeschreibbar machen; gütig und zufrieden, abgeklärt und stets voller Teilnahme an seinem Gegenüber.

Auf Kleidung legt Johann Grander keinen besonderen Wert, die zeitlose Latzhose ist längst zu einer Art Markenzeichen von ihm geworden. Um ihn in die Sonntagstracht zu zwängen, braucht es schon einen ganz besonderen Anlass wie seinen 70. Geburtstag oder eine der zahlreichen Ehrungen. Ein Foto von ihm in der Bergknappenuniform ist eine Rarität. Dennoch ist Johann Grander kein weltfremder Erfinder, sondern über das aktuelle Weltgeschehen bestens informiert, sieht es mit kritischen Augen und stellt bei all seinem Denken und Handeln die Pflege und den Erhalt der Umwelt in den Mittelpunkt. Seine Argumentation ist bedächtig, aber immer lebensnah, rationell und in sich logisch.

Eine besondere Beziehung pflegt Johann Grander zum Glauben. Er ist zutiefst von einer göttlichen Schöpfung und Ordnung überzeugt. Die „Urknalltheorie" hält er für absurd: „Wer so etwas behauptet, hat selbst einen Knall!" Er sieht für jeden Menschen die Möglichkeit, eine ständige Verbindung zu Gott zu haben. Sie anzunehmen, bedarf einer tiefen Demut und Gläubigkeit. Der Zugang zu Gott soll frei und individuell sein, nur auf der Basis von Vertrauen und der Fähigkeit, die Antworten zu erkennen, und zwar ohne dazwischengeschaltetete irdische Organisationsformen: „Sekten und Kirchen wollen den Eindruck erwecken, sie seien unersetzbare Vermittlungsstellen zwischen Gott und den Menschen. Als ob Gott Zwischenhändler bräuchte!" Für sich persönlich lehnt er die Bindung an eine Glaubensgemeinschaft daher ab. Grander ist aber kein Kirchengegner, akzeptiert die Religionen, vergleicht die Weltreligionen mit einer Pyramide, deren verschiedene Seiten sich an der Basis nicht einmal berühren, und trotzdem gibt es nur eine Spitze, und diese heißt Gott. Er glaubt an die Wiedergeburt, die auch die wichtigste Voraussetzung für die Erkenntnis des Menschen ist, dass er nur kurzweiliger Gast auf der Erde ist. All seine hiesigen Handlungen hat der Mensch, der sein Dasein als Chance der Weiterentwicklung sehen soll, in den nächsten Lebensperioden zu verantworten. Die katholische Kirche habe, so meint Grander, im vierten Jahrhundert die Lehre von der Wiedergeburt abgeschafft. Dadurch stellt sich der Mensch die wichtigsten Grundfragen des Lebens, nämlich „wo komme ich her", „warum bin ich hier" und „wo gehe ich hin" kaum mehr. In Folge führt das dazu, dass der Mensch glaubt, keine Verantwortung für die Natur übernehmen zu müssen und für seine Handlungen nicht verantwortlich zu sein, da sie nach dem Tode sanktionsfrei bleiben würden. Das Erdenleben, bei dem selbst der renommierteste Professor schlussendlich nur ein kleiner Diener bleibt, der gegen Ende Rechenschaft über sich selbst ablegen muss, bietet dem Menschen die Chance, zu lernen und seine geistige Entwicklung voranzutreiben, die ihm in den nächsten Phasen nützlich sein wird.

Die geistige Entwicklung, das Sein vor dem Leben und nach dem Tod, sind Themen, die Johann Grander immer wieder bewegen. Der Mensch als einziges Wesen auf der Erde mit einem freien Willen und einem freien Geist. Plastisch artikuliert er seine Vorstellung von individueller Denkfreiheit: „Jeder Mensch sollte sich sein unvoreingenommenes Denken bewahren. Man kann seinen Geist wie eine Wohnung betrachten, in der fremde Gedanken und Ideen durchaus auf Besuch kommen können. Nur auf Dauer einziehen lassen darf man sie nicht, denn schnell wird dann der freie Hausherr vom parasitösen Untermieter in den Keller verbannt und hat ihn dann auch noch bei jeder Gelegenheit um Erlaubnis zu fragen!" Gemeint sind damit Ideologien und sektenartige Kollektivvorstellungen, die er strikt ablehnt.

Für die Medien war Johann Grander sehr bald ein interessantes Objekt – so viele originelle Menschen gibt es ja nicht. Da er in den letzten Jahren einen weit über die Grenzen Europas hinausgehenden Bekanntheitsgrad erreicht hat, hat sich dieses Interesse massiv gesteigert. Nach einigen unglücklichen Erfahrungen mit Medien,

Inge und Johann Grander mit einem Teil ihrer Großfamilie. Von links oben nach rechts unten: die Kinder Stephanie, Heribert, Hans, Heidi, Inge.

Das Betriebsgebäude der Firma Innutec in Jochberg in Tirol ist vor dem heutigen Schaubergwerk „Kupferplatte“ angesiedelt. Beide Unternehmen befinden sich in Besitz der Familie Grander.

Johann Grander im Garten seiner Denkerhütte. Sohn Hans baute sie rund um den Baum, den der Vater nicht fällen lassen wollte.

die ihm das Wort im Munde umdrehten bzw. seine Ideen nicht klar wiedergeben konnten, ging er auf Distanz zur Öffentlichkeit. Sehr schnell hatten sich so manche Journalisten ihr Bild zurechtgezimmert, das irgendwo zwischen Alpen-Yeti, hinterwäldlerischem Wassermixer und vielleicht noch raffiniertem Spinner angesiedelt war, gepaart mit dem indirekten Vorwurf, er verfolge nur seine wirtschaftlichen Interessen. Es galt also, eine Strategie zu finden, ihn einerseits vom medialen Ansturm abzuschirmen und andererseits doch seine Ideen, seine Entdeckungen und sein Werk publik zu machen. Einige der anfänglichen schlechten Erfahrungen mit „freundlichen" Interviewern und Fragestellern lagen darin begründet, dass ihn „diese netten Menschen, mit denen ich mich stundenlang unterhalten habe", überhaupt nichts begreifen wollten oder ihn lächerlich zu machen versuchten. Er quittierte dieses Verhalten eher mitleidig mit den Worten: „Sie verstehen es halt nicht besser!"

Das vorrangige Interesse an seiner Person und erst in zweiter Linie an seiner Arbeit war ihm nie geheuer. Es ist daher nicht ganz unverständlich, wenn Johann Grander sich manchmal wehmütig zurückerinnert: „Als ich in Jochberg noch als Spinner galt, ließ man mich in Ruhe, jetzt hält mich der Wirbel sogar von der Arbeit ab!" Man kam überein, unmittelbare Journalistenkontakte zu vermeiden, denn diese wären nicht nur ein Fass ohne Boden geworden – der Andrang war zu groß –, die ständigen Diskussionen hätten auch die Arbeit und die Entwicklung seiner Technologie negativ beeinträchtigen können. So beschloss Johann Grander, den damaligen Fernsehjournalisten Hans Kronberger vom Österreichischen Rundfunk zu bitten, eine Art Puffer zwischen ihm und den Medien zu bilden. Die beiden waren einander 1993 erstmals begegnet. Grander kannte den Journalisten von den kritischen ORF-Magazinen *Argumente*, *Bürgerforum* und *Konflikte*, in denen man sich ständig mit den Mächtigen des Landes anlegte.

Hans Kronberger war als Redakteur dieser Sendungen eine Art oberster Verbraucherschützer des Fernsehens und stand einer Technologie, die so gar nicht handfest schien, äußerst kritisch, wenn nicht ablehnend gegenüber. Das erste Gespräch in Granders Denkerhütte führte jedoch zu einer respektvollen Freundschaft. Kronberger arbeitete voll journalistischer Neugierde zuerst einmal Granders Post auf, überprüfte die schriftlichen Anwendererfahrungen äußerst reserviert und kritisch und stellte nach zweijähriger Recherche erste Erfahrungsberichte über das nach Grander belebte Wasser in seinem Buch *Auf der Spur des Wasserrätsels* zur Diskussion. Nach weiteren zwei Jahren folgte eine Fernsehdokumentation mit gleichem Titel. Sowohl Buch als auch TV-Film sind heute in über zehn Weltsprachen übersetzt.

Die Arbeit von Johann Grander zog immer

Der Journalist Hans Kronberger stand den Grander'schen Ideen eher skeptisch gegenüber, bevor ihn die weltweit positiven Anwenderberichte und die persönlichen Gespräche mit Johann Grander überzeugten.

Georg Huber, stets gut gelaunt, ist ein langjähriger Familienfreund und verantwortlich für den Grander-Vertrieb in Übersee, Südostasien, Australien und Neuseeland.

Peter Ortner, Geschäftsführer der U. V. O., Vertriebsfirma für Grander-Technologie. Er trug wesentlich zur Verbreitung des belebten Wassers bei.

DI Johannes Larch ist Forschungsleiter im Hause Grander und betreut Wissenschafter und Studenten, die sich weltweit mit der Grander-Technologie auseinandersetzen.

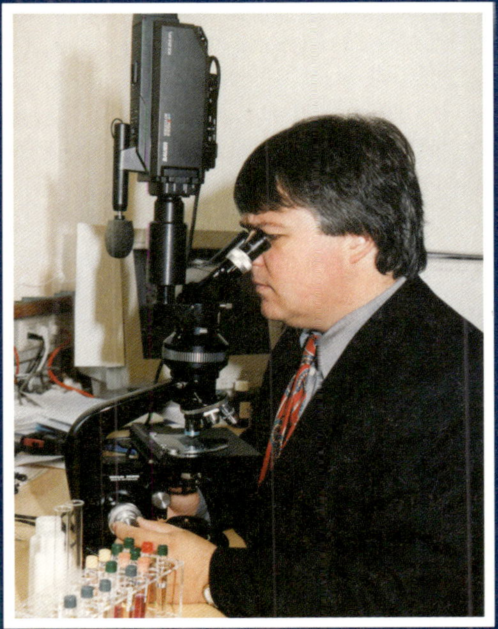

DI Dr. Horst Felsch begann 1993 mit der systematischen Erforschung der Grander-Technologie und deren vielfältigen Anwendungsbereiche.

wieder vielerlei Glücksritter und Scharlatane an, die sich den frischen Wind einer neuen Technologie zunutze machen und von der Erfindung profitieren wollten. In vielen Biografien bedeutender Persönlichkeiten liest man über eine intrigante Umgebung, der es gelingt, das Werk über weite Strecken aus Dummheit oder Eigennutz oder beidem heraus zu blockieren. Wenngleich „geniale Vermarkter" von Granders Erfindungen und Ideen oder „clevere Finanzberater" von vornherein keine Chance hatten, so schlichen sich doch immer wieder Personen in seinen Umkreis, deren Redlichkeit sich im Nachhinein als zumindest fragwürdig herausstellte. Wirklich lange hielten sich solche Partnerschaften nie, aber es hat auch Jahre gedauert, bis sich das jetzige Team, das einem Idealzustand gleichkommt, herausbilden konnte. Ohne eine funktionierende Infrastruktur wäre die Idee der Wasserbelebung nicht durchsetzbar und damit zum Scheitern verurteilt gewesen.

Johann Grander wollte mit der Vermarktung der Geräte oder dem Vertrieb seiner Technologie und des belebten Wassers nie etwas zu tun haben. Er selbst wollte immer nur den „Kopf frei" haben für seine Gedanken. Die Produktion der Geräte sollte über eine eigene Firma laufen, der Familienbetrieb *Innutec* die Befüllung der Geräte und die Abfüllung der Wasserflaschen übernehmen und der Vertrieb sollte ebenfalls unabhängig agieren – ein Drei-Säulen-Modell, einfach und übersichtlich. Für die Herstellung der Geräte ist die Firma *IPF* unter Leitung eines langjährigen Freundes des Hauses, Georg Huber, zuständig. Huber organisiert auch den Vertrieb der Grander-Technologie in Übersee und Fernost. Der Vertrieb in Europa und Afrika liegt exklusiv in den Händen der Firma *U.V.O.*, deren Geschäftsführer Mag. Peter Ortner ist. Ein funktionierendes Vertriebssystem ist die entscheidende Brücke zwischen dem Erfinder Johann Grander und den Anwendern der Grander-Technologie. Das Quartett Grander senior und junior, Georg Huber und Peter Ortner bildet den harten Kern der inzwischen erfolgreichen praktischen Umsetzung der Grander-Technologie. Nach wie vor gibt es in der Denkerhütte regelmäßige Zusammentreffen mit Johann Grander und seinen engsten Vertrauten, um alle aktuellen Angelegenheiten zu beratschlagen.

In der Welt von Johann Grander spielen auch noch andere Menschen eine wichtige Rolle. Der Ziviltechniker DI Horst Felsch hatte ursprünglich nur die Aufgabe, die Übereinstimmung des in Flaschen abgefüllten Spezial-Wassers mit den Richtlinien des österreichischen Lebensmittelbuches zu überprüfen und zu gewährleisten. Als studierter Chemiker war er bald vom Phänomen der Wasserbelebung fasziniert und begann, den mikrobiologischen Auswirkungen nachzuspüren. Als einer der ersten naturwissenschaftlich ausgebildeten Akademiker stellte er sich schützend hinter die Grander-Technologie. Seine Erkenntnisse über die mikrobiologische Veränderung von belebtem Wasser sind bereits publiziert. Er ist inzwischen in der Lage, nachzuweisen, ob Wasser belebt wurde oder nicht.

DI Johannes Larch, mit dem Johann Grander schon seit 1988 in Kontakt steht, gehört ebenfalls zum erfolgreichen Team. Er dokumentiert die wissenschaftlichen Ergebnisse bei der Erforschung der Wirkung der Grander-Effekte, betreut die Anfragen von Wissenschaftern, die sich mit der Grander-Technologie auseinandersetzen, und die immer zahlreicher werdenden Studenten, die experimentieren und Diplomarbeiten über belebtes Wasser verfassen.

So sehr Johann Grander Zurückhaltung bei Besuchern übt, so sehr freut er sich über Post. Penibel sammelt er Briefe und Ansichtskarten und verwahrt sie in seiner Denkerhütte. Unter den hunderten Dankschreiben aus aller Welt befinden sich bekannte Namen. Einen Ehrenplatz in der Postschachtel Granders hat eine Karte der weltbekannten Sterbeforscherin Dr. Elisabeth Kübler-Ross. Die 1926 in der Schweiz geborene Psychiaterin, die 1957 an der Züricher Universität zum Doktor der Medizin promovierte, ist weltweit führend auf den Gebieten Tanatologie und Sterbeforschung. Sie lebt und arbeitet in Amerika, fühlte sich von Johann Grander jedoch so angezogen, dass sie einige ihrer Europaaufenthalte nutzte, um den Tiroler zu treffen, der sich ebenfalls intensiv mit der innigen Verbindung von Leben und Tod beschäftigt.

Elisabeth Kübler-Ross fand bei ihren Gesprächen über Seelenwanderung und Auferstehung viele Berührungspunkte mit Johann Grander. Sie sprachen über sehr persönliche Erfahrungen. Die Wissenschafterin fand einen Seelenverwandten, der über das bloße Materielle im Leben auch unfassbare Elemente erfühlen kann, die nur sehr sensiblen Menschen zugänglich sind. Einig sind sich die beiden darüber, dass der Mensch neben einem physischen noch weitere „Körper“ besitzt: einen intellektuellen, einen emotionalen und einen spirituellen, von denen jeder für sich eine unverzichtbare Funktion ausübt. Mit Kübler-Ross teilt Johann Grander die Meinung, dass es eines der Grundübel der Welt ist, dass zu viele Menschen der irrigen Meinung sind, mit dem Tod sei alles vorbei und daher versuchen, aus dem hiesigen Dasein so viel wie möglich herauszuholen, ohne Verantwortung für kommende Generationen wahrzunehmen. „Wenn die Menschen sich bewusst wären, dass sie bei allem, was sie tun, auch irgendwann die Konsequenzen zu tragen haben und die Möglichkeit eines Wiederkommens auf die Erde in Betracht ziehen würden, sähe die Welt anders aus“, meint Johann Grander. Für ihn ist der Sterbevorgang etwas Natürliches, vor dem man keine Angst zu haben braucht, vor allem dann nicht, wenn man die Lehrzeit auf Erden gut genutzt hat. Beim Tod löst sich langsam die Seele vom Körper. Materiell orientierte Menschen trennen sich schwerer vom Körper als solche, die in der Lage sind, loszulassen und heimzukehren.

Vielleicht noch ein Satz zur Denkerhütte: Sie ist ein kleines Meisterstück des gelernten Zimmermanns Hans Grander junior, der sie um einen Baum herum gebaut hat, da der Vater der Meinung war, dieser Baum dürfe nicht gefällt werden. Der Grund für die Errichtung der Hütte war eher ein trivialer: Irgendwann wurde der Frau von Johann Grander, Inge, der zuerst anschwellende und dann nicht mehr enden wollende Pilgerstrom, der ständig ihre Küche belagerte, zu viel.

In der Zwischenzeit hat diese Hütte viel Prominenz gesehen. Grander hat kein Problem im Umgang mit bekannten Größen – für ihn sind alle Menschen gleich. An einen Besucher erinnert er sich schmunzelnd als eine Begegnung der speziellen Art, als eines Tages der US-Biochemiker Craig Tedlock mit einem Dolmetscher in seiner Denkerhütte auftauchte. Tedlock ist niemand geringerer als der Entwicklungschef der weltweit teuersten Kulthautcreme namens „La Mer". Tedlock erklärte Grander, er sei überzeugt, dass Wasser aus alten Quellen besondere spirituelle und physikalische Kräfte besitze. Aus diesem Grund suchte er im Auftrag des Kosmetikkonzerns Estée Lauder versteckte Quellen auf der ganzen Welt, um das Wasser gegebenenfalls für Kosmetika zu verwenden. Dass die Grundsubstanz Wasser entscheidenden Einfluss auf die Qualität ihrer Produkte hat, ist den großen Kosmetikherstellern schon seit langem bekannt. Craig Tedlock besichtigte auch Granders Stephaniequelle. Die meeresalgenhältige Creme „La Mer" wurde übrigens von einem Raumfahrtphysiker erfunden, nachdem er sich bei seiner Forschungsarbeit schwerste Verbrennungen im Gesicht zugezogen hatte. Da keines der herkömmlichen Heilmittel Linderung brachte und die Verletzungen nicht heilen wollten, schritt er selbst zur Tat und entwickelte eine hautglättende Salbe. In einem Interview mit der Zeitschrift *Cosmopolitan* erklärte Tedlock später, dass er in Tirol einen Wasserforscher besucht habe und sich vorstellen könne, die glättende Wirkung von „La Mer" mit dem Tiroler Wasser noch zu steigern. Als Grander später gefragt wurde, ob es ihn gefreut hätte, wenn er auch namentlich genannt und nicht nur als Tiroler „Dorfheiliger" bezeichnet worden wäre, meinte er: „Mich freut alles, wenn es eine gute Sache ist!"

Eine prominente Besucherin in der Denkerhütte zu Gast: Die Sterbeforscherin Dr. Elisabeth Kübler-Ross fühlte sich von Anfang an mit dem Tiroler geistig verbunden.

Johann Grander begleitete Elisabeth Kübler-Ross persönlich per Bahn in das Schaubergwerk „Kupferplatte". Das liebevoll restaurierte Bergwerk zieht jährlich zahlreiche Besucher an.

Biografie

Alles andere als rosig

Mitten in den Kitzbüheler Alpen liegt auf 924 m Seehöhe die idyllische Gemeinde Jochberg; ein kleiner, malerischer Ort, eingebettet in die imposanten Gebirgszüge der Tiroler Alpen. Saftige Almen, unterbrochen vom dunklen Grün der Wälder, zahlreiche sprudelnde Gebirgsbäche und klare Bergseen bestimmen die Szene. Seit Jahrzehnten folgen tausende Erholungssuchende ihrem Lockruf und finden in der majestätischen Bergwelt mit der klaren würzigen Luft die gewünschte Abwechslung. Das prachtvolle Panorama der Kitzbüheler Alpen begrenzt das Tal gegen Süden. Das mondäne Kitzbühel scheint weit weg zu sein. Eigentlich sind es nur acht Kilometer, und doch reicht diese Entfernung aus, um das romantische kleine Jochberg und seine Aura der Beschaulichkeit vor dem Ansturm der vermeintlich Reichen und Schönen zu schützen. Diese erliegen in Scharen dem Sog der auf der ganzen Welt bekannten quirligen Tourismusmetropole, im Winter weltberühmt als Austragungsort von Schirennen und im Sommer als Arena für Tennisasse.

Nach Jochberg hingegen kommen die echten Naturgenießer unter den Schifahrern, Wanderern und Paragleitern. Ihnen geht es darum, in der verführerischen Bergwelt stundenlange Märsche zu unternehmen, die schroffen Kanten der Gipfel zu bezwingen und die sanften Almen mit einem Gleitschirm aus der Perspektive der Adler zu erleben. Im Winter locken lange Schiabfahrten und anschließend – in einer der vielen Hütten – der „Jagatee" und andere Genüsse. Obschon auch die Gegend um Jochberg mittlerweile zu den bekannten Schigebieten zählt, haben es die hierher kommenden Wintersportfreunde und die ansässige Bevölkerung doch verstanden, ihre Ursprünglichkeit weitgehend zu respektieren und zu bewahren. Gegen den mächtigen Schutz der atemberaubend schönen Hohen Tauern im Süden, der zerklüfteten Gipfel des Wilden Kaisers im Norden, der vergletscherten Zillertaler Alpen im Westen und der Leoganger Steinberge im Osten kann die menschliche Gestaltungswut offenbar doch nichts ausrichten. Diese Berge, in vielen Millionen Jahren schroff und kantig geformt, sowie der Schnee, der mitunter bereits im Spätsommer die blühenden Wiesen überfällt, sind die beständigen Begleiter der Menschen dieser Gegend.

Es ist die Einheit im Widerspruch, die paradoxe Zusammengehörigkeit von Schönheit und Kargheit der Natur, der Eindruck allgegenwärtiger Bedrohtheit bei gleichzeitig unzerstörbarer, schützender Ewigkeit, die diesen unbeirrbar widerspenstigen, aber auch liebenswürdigen, demütigen und heimatlich verantwortungsbewussten Menschenschlag geprägt hat.

In Freiheit leben

Stolz, stark, eigenwillig und freiheitsbewusst seien die Tiroler, sagen die einen; von Borniertheit und Sturheit reden die anderen. Niemand aber kann ihnen das beharrliche Bemühen um Unabhängigkeit absprechen. Seit dem 11. Jahrhundert von den Grafen von Tirol geführt, ging es für das einst rätische Volk unter der Regentschaft der Habsburger speziell vom 14. bis zum 17. Jahrhundert sehr wechselhaft zu. Den Höhepunkt ihres Freiheitskampfes erreichten die von ihrem Kaiser im Stich gelassenen Tiroler unter dem unbändigen Andreas Hofer (1767–1810), der in drei Schlachten beim Bergisel die für sie so lebenswichtige Freiheit im Alleingang mit seinen Schützen gegen die Franzosen verteidigen wollte. Nach mehreren Siegen gegen die große Armee Napoleons fiel er den Feinden doch noch in die Hände. Als sie ihn in Mantua an die Wand stellten und das Exekutionskommando ihn nicht sofort tödlich traf, schleuderte er ihnen entgegen: „Ach, wie schießt ihr schlecht!" Nach seiner Hinrichtung bei Mantua erfuhr das Land Tirol eine Dreiteilung. Im Zuge der napoleonischen Kriege kam Tirol 1805/06 bis 1814 an das Königreich Bayern, 1810 bis 1813 das Gebiet südlich von Klausen und Meran zum Königreich Italien und das Gebiet östlich des Toblacher Felds zu den Illyrischen Provinzen Frankreichs (1813/14 wieder rückgängig gemacht). Nach dem Ende des Ersten Weltkriegs wurde das Gebiet von Südtirol 1919 im Staatsvertrag von Saint-Germain-en-Laye Italien zugesprochen.

Im darauffolgenden Jahrzehnt waren die Tiroler – wie alle anderen Österreicher – als Kriegsverlierer besonders schwierigen wirtschaftlichen Bedingungen ausgesetzt. Sie mussten froh sein, wenn sie in Zeiten der sich anbahnenden Wirtschaftskrise, die mit hoher Arbeitslosigkeit und empfindlichem Geldwertverlust einherging, nicht ausgesiedelt wurden. Zwar sicherten die Almwirtschaft und Nutztierhaltung, die sparsam intensive Bewirtschaftung von Haus, Hof und Garten so mancher Familie das Überleben, zwar konnten sich einige, die auf ein Zubrot angewiesen waren, speziell im Winter als Arbeiter in der Textilindustrie des benachbarten Vorarlbergs verdingen, die dunklen Wolken am Horizont waren aber nicht mehr zu übersehen. Die Krise der Weltwirtschaft ließ in Österreich die Zahl der Arbeitslosen in die hunderttausende ansteigen. Hunger, Elend und Hoffnungslosigkeit prägten den Alltag. In den Straßen marschierten faschistisch organisierte Heimwehrmilizen und sorgten für zusätzliche Unruhen. Die sozialdemokratischen Schutzbündler versetzten die Tiroler mit dem Anlegen umfangreicher Waffenlager erst recht in Angst und Schrecken. Die Lage verschlechterte sich zusehends. Mit dem Zusammenbruch der Wiener Creditanstalt fanden die tragischen Ereignis-

Die Umgebung des Jochberger Kupferbergwerks um die Jahrhundertwende.

se einen Höhepunkt. Die Bank hatte um Milliarden Aktien aus dem Ausland gekauft und Firmen Großkredite gewährt. Mit den Aktienkursen fielen auch die Kreditsicherheiten. Am „Schwarzen Freitag“, dem 27. Oktober 1929, nahm die Entwicklung ihr bekannt schreckliches Ende. Sicherheiten für Kredite gab es nicht mehr, und alle, die noch Geld besaßen, hielten es zurück. Jeder Schilling wurde gehortet. Die Folge war eine Deflation, bei der das Geld im Wert stieg und immer knapper wurde, während die Preise für Waren und Dienstleistungen sanken. Aber wer sollte die produzierte Ware, die angebotene Leistung kaufen, wenn die Lohntüten leer blieben, niemand sich noch etwas leisten konnte und tausende Firmen in den Untergang schlitterten? In den Jahren 1929 bis 1933 büßte die Wirtschaftsleistung nochmals 22 % ein, was schließlich weitere hunderttausende hungernde Menschen verzweifelt bettelnd auf die Straßen trieb. Viele überlebten diese Zeit nur, weil die Landbevölkerung die wenige Nahrung mit ihnen teilte. In dieser Situation bewiesen die Tiroler einmal mehr ihren eigenständigen Einfallsreichtum. Die Suche nach einem Ausweg aus der tristen Situation der Arbeiter veranlasste zum Beispiel den Bürgermeister von Wörgl, Michael Unterguggenberger, eine eigene Währung einzuführen. Diese Maßnahme sollte den tatkräftigen Mann bis weit über die Grenzen Österreichs hinaus bekannt machen. Viele Gemeinden in Tirol, auch Kitzbühel und Jochberg, folgten dem Wörgler Beispiel. Lange wurden solche Alleingänge seitens der Regierung in Wien jedoch nicht geduldet und schließlich mittels Entscheid des Verwaltungsgerichtshofes untersagt. Die selbstständige Einführung dieser spezifischen Währung ist ein imposantes Beispiel für die Fantasie und die Eigenwilligkeit der Tiroler in harten Zeiten.

So genannte Klauberinnen auf der Halde: Sie sortierten taubes von erzhältigem Stollenmaterial, eine körperlich besonders schwere Arbeit.

Während der Wirtschaftskrise gaben einige Tiroler Gemeinden eigenes Notgeld aus, um die finanzielle Situation ihrer Bürger zu erleichtern.

April 1930

Johann Grander wird geboren

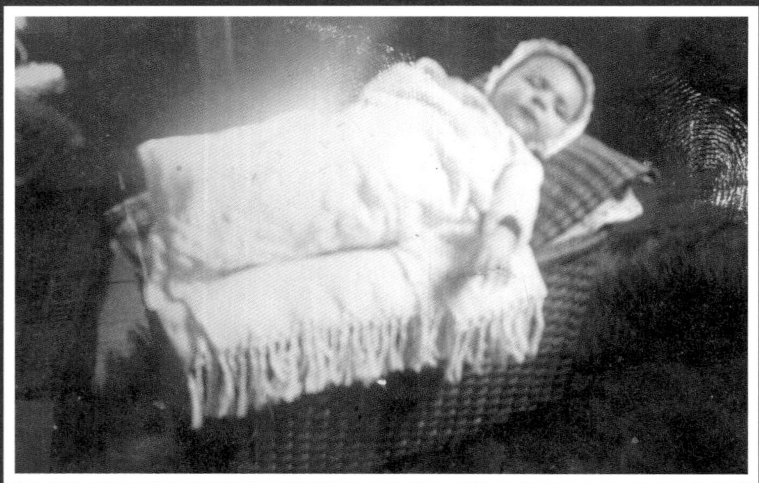

Am 24. April 1930, mitten hinein in das chaotische Geschehen der Weltwirtschaftskrise und der damit einhergehenden politischen Wirrnisse, wurde Johann (Hans) Grander geboren. Überall im Lande herrschten Arbeitslosigkeit, Hunger und Not. Vor allem die Menschen in den Städten waren von den trostlosen Zuständen stark betroffen: keine Arbeit, kein Geld in der Tasche; im Herzen große Angst vor der Zukunft, die Straßen voll mit Arbeitssuchenden. Keiner wusste, wie es weitergehen sollte. Es schien, als gingen die Uhren anders herum. Geld stieg in seinem Wert, während der Wert von Waren und Dienstleistungen ins Bodenlose fiel. Wer Geld hatte, konnte sich alles Notwendige und Überflüssige zum Ausverkaufspreis besorgen. Nur: Wer verfügte schon über Geld, wenn schon eine Beschäftigung Luxus war?

Glücklich war, wer am Land lebte oder zur Landbevölkerung Kontakt hatte, da ihm dadurch wenigstens der Zugang zu einem Minimum an lebenswichtigen Nahrungsmitteln möglich war. Einer dieser vom Schicksal ein klein wenig Begünstigten, der noch etwas Glück in diesem Unglück hatte, war Johann Grander, der Vater. Bei genauerer Betrachtung der Lebensumstände der Familie Grander zu dieser Zeit zeigt sich nämlich, dass er Eltern hatte, die trotz der harten Zeiten ein Stück Sicherheit und Geborgenheit

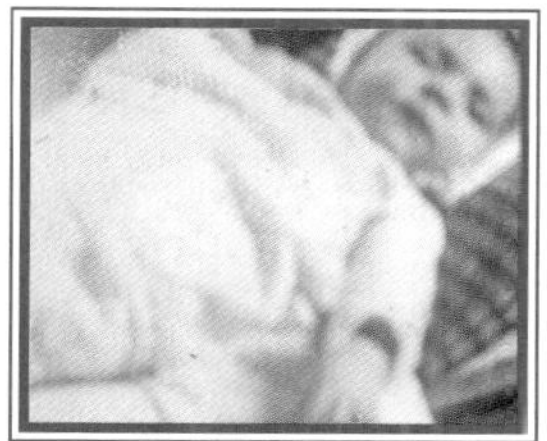

vermitteln konnten.

Der Vater, Johann Grander senior, hatte eine Anstellung beim Holzhändler Rupert Rieder. Diese Arbeit bot ihm und seiner Familie eine finanzielle Grundsicherheit. Er verdankte die Stelle aber nicht reinem Zufall, sondern seinem großen Interesse und seiner Begabung für alle technischen Geräte und Einrichtungen.

Granders besondere Fähigkeiten bei deren Handhabung, vor allem bei der neuen Errungenschaft namens Traktor, die viele Arbeiten in der Land- und Holzwirtschaft erleichterte und beschleunigte, waren weithin geschätzt. Es hatte nicht lange gedauert, bis er das Fahrzeug in allen Einzelheiten kannte und bei seiner Bedienung den anderen Männern weit voraus war. Er war stolz, den ersten Traktor im Bezirk Kitzbühel zu fahren. Es gab zwar Arbeit und Aufträge, doch der Einsatz dafür war enorm hoch. Bis zu achtzehn Stunden täglich hatte Johann Grander sen. körperliche Schwerstarbeit zu leisten. Er trug sein Schicksal dankbar und ohne Murren. Wortkarg, fleißig und unbeugbar sei er gewesen, erinnert sich heute die Familie Grander, unerschrocken und zäh.

Diese Charakterzüge waren wohl auch Ergebnis der ihm vom Schicksal in die Wiege gelegten Härten. 1898 in der unweit von Jochberg gelegenen Nachbargemeinde Aurach als eines von insgesamt dreizehn Kindern geboren, musste er bereits als Jüngling in den Krieg gegen Italien ziehen. Die miterlebten Gräueltaten und Schrecknisse des Krieges ließen ihn noch Jahrzehnte später beim Gespräch erschauern und verstummen. Es waren nicht zuletzt diese Erfahrungen, die ihn als erwachsenen Mann beim Kampf ums Überleben seiner Familie stark, verantwortungsbewusst, belastbar und ausdauernd machten. Wer das Grauen dieses Krieges überlebt hatte, konnte auch allen weiteren Unbilden trotzen, wie zum Beispiel der Zuspitzung der politischen Lage. Die schlechten Leistungen der Wirtschaft und die hohe Arbeitslosigkeit trieben die Regierung in wechselnde Koalitionen mit den Großdeutschen und dem Landbund. Die Vorzeichen für erneuten Umbruch waren allgegenwärtig. Die NSDAP, die Nationalsozialistische Arbeiterpartei, gewann immer mehr an Bedeutung und hatte bereits zu Beginn des dritten Jahrzehnts ihren Fuß in der Tür des Parlaments.

Bürden des Lebens

Johann Grander senior war froh, im Gegensatz zu hunderttausend anderen seiner Arbeit nachgehen zu können. Er verdiente etwas Geld und versorgte damit so gut wie möglich seine Familie. Das war ihm zu dieser Zeit das größte Anliegen. Schließlich ging mit den täglichen, von rasant schlechter werdender Wirtschaftslage und politischem Umsturz kündenden Meldungen aus Rundfunk und Zeitungen die in der gesamten Bevölkerung verbreitete Angst um die eigene Existenz einher. Auch Johann Grander machte sich Sorgen. Denn mittlerweile war zu dem Knaben Johann und dem Mädchen Sophie, das seine Frau mit in die Ehe gebracht hatte, eine ganze Reihe weiterer Kinder hinzugekommen. Kathi, Elfriede und der leider schon früh verstorbene Herbert ließen die Familie Grander auf sieben Personen anwachsen und es gestaltete sich immer schwieriger, alle satt zu bekommen. Meist standen nur die einfachsten Nahrungsmittel auf dem Tisch. Vor allem frisches Brot war eine seltene Köstlichkeit. Von den Bauern besorgte man sich Milch und Butter. Im Sommer gab es neben den Waldfrüchten, vorwiegend Heidelbeeren und Pilze, auch öfter frische Kartoffel, Gurken und Kraut. Die starken familiären Bande waren legendär und sollten auch ein halbes Jahrhundert später nichts von ihrer Wirkung verloren haben. Bedeutend gestärkt wurde dieser besondere Zusammenhalt jedenfalls von der fürsorglichen Liebe und Güte von Johann Granders Mutter. Selbst aus einer Großfamilie mit zehn Geschwistern stammend, war sie es gewöhnt, alles zu teilen, was dank der landwirtschaftlichen Arbeit für die Familienmitglieder abfiel. Viel war es nicht; ohne fleißiges Sammeln und Konservieren der Waldfrüchte im Sommer wäre es noch weniger gewesen. Auch in dieser Familie stand Fleisch nur höchst selten, an hohen Feiertagen, und auch dann nur in kleinsten Mengen auf dem Tisch. Es verwundert daher nicht sehr, wenn auch die Kleinsten begriffen und bejahten, dass sie ihren Beitrag zum täglichen Leben zu leisten hatten. Jeder packte zu, wo Mithilfe notwendig war: Kühe und Schafe weiden, Werkzeuge warten, Reparaturarbeiten an Haus und Hof erledigen usw.

Auch Johann Granders Mutter musste sich schon als ganz junges Mädchen vom ohnehin nie verspielten, nie unbeschwerten Kindsein verabschieden. Sie arbeitete auf verschiedenen Bauernhöfen, wo sie die Tiere im Stall fütterte und im Haus Ordnung hielt – am Tag mit Heu- und Mistgabel, Kübel und Putzlappen, Besen, Schaufel und Waschrumpel bewaffnet, an langen Abenden den Kopf über Flick- und Bügelarbeiten gebeugt. Vor allem im Winter waren die Abende recht lang. Aber dann, wenn die jungen Dienstmägde mit ihrem Nähzeug in der großen Stube um die warme Herdstelle zusammensaßen, erfolgte so etwas wie ein Unterricht. Die älteren Frauen erzählten Geschichten und berichteten von wissenswerten Überlieferungen; Lieder und Gedichte wurden vorgetragen, geschichtliche Ereignisse erörtert und die wichtigsten persönlichen Erfahrungen an die Mädchen weitergegeben. Und so kamen diese jungen Dinger, die oft schon mit elf, zwölf Jahren einen regelmäßigen Schulbesuch beenden mussten, trotzdem in den Genuss einer gewissen Bildung. Wenn dieser Unterricht auch weit entfernt von Schulzimmern und Lehrplänen stattfand und in seiner Ernsthaftigkeit und Regelmäßigkeit mitunter zu wünschen übrig ließ, so hat er doch so manchem Mädchen eine besondere Aufgewecktheit und Herzensbildung mitgegeben. Das gemeinsame Singen und Beten, das Weitergeben von Kenntnissen der Gartenbaukunde, der Nähkunst und auch so manchem geheimen Rezept aus der Küche machte aus vielen Mädchen hervorragende Hausfrauen, Gefährtinnen und Mütter. Eine sorgenfreie und verspielte Kindheit zu genießen oder gar eine längere Schulausbildung absolvieren zu dürfen wäre für die meisten Mädchen dieser Zeit und Gegend ein schier undenkbarer Luxus gewesen. Einer Arbeit nachgehen zu können und dafür Lohn zu bekommen, auch wenn er nur für den notdürftigsten Lebensunterhalt reichte, war ein dankbar ergriffenes Glück und wichtiger als jede schulische Ausbildung. In dieser Zeit, die es vielen Familien finanziell unmöglich machte, die Kinder zu Hause zu behalten, war schon den Kleinen bewusst, dass sie weitestgehend selbst für ihren Unterhalt sorgen und mit ihrer eigener Leistung zum Gesamteinkommen beitragen mussten. Das war nichts, worüber man jammerte, im Gegenteil, gerade die Kinder fühlten sich oft nützlich, geschickt und erfahren; sie waren ihren Eltern, wie so viele Kinder heute, bei der Bewältigung des Alltags und beim Broterwerb – geschweige denn bei der allseits unbekannten „Freizeit" – kaum je im Weg, son-

Der Vater, Johann Grander (rechts), als Soldat im Ersten Weltkrieg. Während des Zweiten Weltkriegs musste er aufgrund seiner angeschlagenen Gesundheit nur kurz dienen.

Vor Eintritt in den Kriegsdienst musste sich auch Johann Grander sen. (im Bild 1. Reihe Mitte) einer Musterung unterziehen.

Musste Vater Grander früher noch mit einem Pferdefuhrwerk das Holz aus dem Wald transportieren (im Bild links), konnte er diese Arbeit später mit einem der ersten Traktoren bewältigen.

Das Haus, in dem Johann Grander geboren wurde, gehörte dem Bauern und Holzhändler Rupert Rieder (im Bild ganz links).

Katharina Grander (auf dem Foto erste von links, stehend), die Mutter von Johann, im Kreis ihrer Familie.

Das offizielle Hochzeitsfoto von Katharina und Johann Grander.

dern – sofern das Essen reichte – unentbehrliche, wissbegierige und meist willige Helfer. Gelegenheit dazu hatten sie vor allem in den Sommermonaten, wo auf den Höfen die Heu- und Getreideernte eingebracht werden musste und die wechselnden Wetterverhältnisse oft raschesten Einsatz erforderten. Sich mit einem heranziehenden Gewitter zu messen, konnte besonders für die Kinder durchaus aufregend und abenteuerlich sein. War es geschafft, vor den ersten schweren Regentropfen im Heustadel zu sein, hatte man immerhin geholfen, Naturgewalten zu überlisten, und war dementsprechend stolz. Das Hüten von Kühen im Sommer und Kartoffelernten im Herbst , das Holz- und Wasserschleppen, das Bodenreiben oder Mistführen war natürlich weit weniger spannend. Aber es blieb den Landkindern zu dieser Zeit schon nicht mehr verborgen, dass es andere Kinder gab, die spielen durften, sogar über Spielzeug verfügten und von einer Welt erzählten, an deren Existenz man fast nicht glauben konnte.

Johann Granders Mutter gehörte nicht zu diesen privilegierten Kindern. Sie verdiente ihren Lebensunterhalt in der Höhe von drei bis vier Schilling im Monat auf verschiedenen Bauernhöfen in Imst und Ried. Dass sie bald Mutter einer Tochter wurde, erschwerte zusätzlich ihre Situation. Neben der vielen Arbeit auf einem Hof in Kitzbühel musste sie auch noch das Mädchen Sophie alleine großziehen. Der tägliche weite Weg von Ried nach Kitzbühel war der jungen Frau dann doch zu beschwerlich. Sie beschloss, nach Kitzbühel zu übersiedeln, um die dadurch gewonnene Zeit ihrer Tochter widmen zu können. Diese Entscheidung sollte ihr weiteres Leben entscheidend verändern. Denn in Kitzbühel traf sie auf Johann Grander senior. Sehr verliebt ineinander, entschloss man sich rasch zur Heirat und lebte ab nun in einem kleinen Dachstübchen in Jochberg Nummer 120. Zwei kleine Zimmer standen ihnen im Holzhaus, das noch heute dem Zahn der Zeit trotzt, zur Verfügung. Die Jahre haben ihm wenig zugesetzt; wer heute das hübsche Holzhaus bewundert, findet es genauso vor, wie es sich schon vor siebzig Jahren präsentierte. Es war die erste Heimat für die junge Familie Grander.

Kindheit

Wenn Johann Grander heute an seine Mutter und die ersten Jahre seiner Kindheit denkt, fällt ihm zuerst ihre besonders sanfte Art und Natur ein. Sie war eine schöne, ruhige und gutmütige Frau. Ihr großer Halt im Leben war der Glaube. Sie lebte den Kindern ihre ganz persönliche, innige Frömmigkeit vor. Gemäß ihrem Glaubensverständnis hielt sie ihre Kinder mit Nachdruck zur Teilnahme am religiösen Leben an. Nur der wache, eigenwillige Geist ihres Sohnes Johann überraschte und beunruhigte sie gleichzeitig. Der stille Junge mit den lebhaften Augen entwickelte eine frühe

Selbstständigkeit. In seinen Überlegungen und Taten unbeirrbar, wusste er aus allen Sackgassen einen Ausweg und umging gekonnt jedes nicht zu seiner Anschauung passende Hindernis. Nur ungern ließ er sich führen. Im Alter sollte er zu diesem Thema ganz dezidiert sagen: „Von den Menschen auf Erden soll man sich nicht führen lassen. Dann wird man nur zu leicht zu etwas verführt, was man gar nicht will oder braucht. Nur der Führung von oben, die allein den richtigen Weg weist, soll man folgen.“

In der Schule pflegte er sein wenig nahrhaftes Marmeladebrot gegen die Butterbrote der Bauernjungen einzutauschen. Ordentlich satt wollte er werden, und Butter war damals ein höchst begehrtes Nahrungsmittel, das am Land nur die Bauern anzubieten hatten. Wenn ihn die Mutter im Sommer zum Heidelbeerpflücken anhielt und sorgsam darauf achtete, dass er sein Körbchen ordentlich füllte, so half dem Jungen auch schon mal ein Lausbubenstreich über die unerwünschte Aufgabe hinweg. War das Körbchen mit Blättern und Reisig am Boden und oberhalb mit einer Schicht alles zudeckender Beeren rascher gefüllt, so konnte er sich umso schneller interessanteren Aufgaben widmen. Seiner Mutter fiel die kleine List wohl auf, verlor aber darüber kein Wort, sondern ließ beim nächsten Mal keinen Schwindel mehr zu.

Seine Abwehr gegen die Dienste in der Kirche fiel etwas nachdrücklicher aus als gegen jene beim Früchtesammeln im Wald. Auch hier, als Ministrant, setzte er sich über Regeln und Zeremonien mehr als einmal gekonnt hinweg. Als alles nichts half, fiel er eines Sonntags vor versammelter Kirchengemeinde mehr oder weniger unfreiwillig so unglücklich hin, dass er das Gestell für das Gebetbuch mitriss und ungewollt sogar den in der Nähe stehenden Pfarrer leicht verletzte. Seine kirchliche Karriere als Ministrant fand dadurch ein sehr frühes Ende, denn der Pfarrer verzichtete nach dem Vorfall auf weitere Dienste des ungeschickten Buben. Der Mutter war das rasche Ausscheiden ihres Sohnes aus dem Kirchendienst gar nicht recht. Zu gerne hätte sie ihn in diesem sicheren Schoß aufgehoben gewusst. Der junge Johann konnte auch das überkritische Nachfragen des Pfarrers bei der obligatorischen Beichte nicht ertragen – hatte er doch nichts angestellt! Um den Priester zufrieden zu stellen, erfand er einfach Sünden und beendete seine Beichte immer mit seiner einzigen soeben tatsächlich begangenen Verfehlung: „Ich habe gelogen!“

Aber dem kleinen Johann stand auch hier der Sinn nach anderem. Sein schon in Kindertagen gewachsener Widerstand gegen die Amtskirche zieht sich wie ein roter Faden durch sein ganzes Leben. Sein großer Glaube an den Schöpfer, an die Wunder der Natur, die nur ein Allmächtiger, Allwissender geschaffen haben konnte, war jedoch niemals gefährdet, und nicht einmal durch die späteren leidenschaftlichen Diskussionen mit Kirchenvertretern zu erschüttern, denen er sich zwar immer stellte, die ihn aber nie überzeugen konnten, formell in die Arme der Amtskirche zurückzukehren.

Politischer Umsturz

Alles, was Johann Grander in seinem Leben an Liebe und Geborgenheit zuteil wurde, führt er auf das gesunde und gut funktionierende soziale Gefüge seiner Familie, dieser kleinsten Einheit im Staate, zurück. Die Familie blieb nämlich trotz oder wegen der sich ausbreitenden Unsicherheit im Land, der Infragestellung oder auch Abschaffung vieler überkommener Regeln, Traditionen und Werte ein unbeirrbares Vorbild am Umgang miteinander, an gegenseitigem Respekt, an Zusammenhalt und bewusster Rücksichtnahme. In der Familie Grander schien alles in Ordnung zu sein. Die Eltern gingen ihrer jeweiligen Arbeit nach und versuchten, den Alltag nach ihren Regeln zuversichtlich, ruhig und beherrscht zu meistern. Das war angesichts der in den Städten und in der Regierung in Wien herrschenden chaotischen bis anarchischen Zustände einerseits schon fast eine Kunst, schien aber andererseits gerade auch deshalb eine intuitiv richtig erkannte Lebensnotwendigkeit zu sein. Die Außenwelt war gekennzeichnet von Aufruhr und politischen Umstürzen, deren Ursachen und Auswirkungen für die meisten Zeitgenossen in ihrer Tragweite nicht im Entferntesten durchschaubar waren und dementsprechende Ängste schufen.

Mit dem Verbot der Sozialdemokratischen Partei ging 1934 unter Bundeskanzler Kurt Schuschnigg die noch recht junge österreichische Demokratie endgültig zu Ende. Das ganze Land erbebte unter den polarisierenden Veränderungen. Geschichten über Ereignisse kursierten, die weit weg schienen und von denen man daher kaum glauben konnte, dass sie das eigene Leben in Österreich tangieren sollten. Wie ein Lauffeuer allerdings verbreitete sich das Gerücht, dass die auch in Deutschland herrschende hohe Arbeitslosigkeit weiter ansteige. Würde diese Entwicklung auf Österreich übergreifen? In den Radiosendungen wurde davon täglich berichtet und die Tageszeitungen überschlugen sich mit Sensationsmeldungen: „Hitler will den Anschluss Österreichs an Deutschland", dröhnte es überall. Um das kleine Österreich in die Knie zu zwingen, verhängte Hitler die 1000-Mark-Sperre, eine brutale Wirtschaftssanktion, die Österreich von dem aufstrebenden Wirtschaftswachstum in Deutschland abkoppeln sollte. Zwar war die deutsche Wirtschaft auf Rüstungsproduktion und Autobahnbau eingestellt, aber den hungernden Arbeitslosen, die ihre Kinder zu ernähren hatten, war dies relativ gleichgültig.

Wer in Österreich Arbeit hatte wie die Familie Grander, versuchte sich aus all dieser

Verwirrung herauszuhalten. Auf den Almen in Tirol ging man weiterhin seinem gewohnten Tagwerk nach. Kaum jemand wollte die sich abzeichnende Entwicklung wahrhaben, begreifen oder gar akzeptieren, dass die Geschehnisse im Nachbarland Deutschland auch das eigene Leben verändern könnten. Dennoch machte sich immer stärkere Beunruhigung breit. Eine Ahnung von Verrat und Putsch lag in der Luft. Und zu Recht: 1934 gelang es nur knapp, den von der deutschen NSDAP in Österreich durchgeführten Putsch zu verhindern, der zum Ziel hatte, Österreich an Deutschland anzuschließen. Besonders Italien hatte sich gewaltig in Szene gesetzt. Benito Mussolini wollte die Anmaßung der Deutschen nicht hinnehmen und versuchte, deren Pläne zu durchkreuzen. Zur Abschreckung und als Zeichen dafür, dass Italien sich nicht alles gefallen lassen würde, ließ er Truppen an der Tiroler Grenze am Brenner aufmarschieren. Hitlers Vorhaben, Österreich an Deutschland anzuschließen, sollte mit allen Mitteln vereitelt werden. Es brodelte im ganzen Land. Zur Armut und zum Hunger der Bevölkerung gesellte sich nun immer größere Angst. Die gekonnte Propaganda der Deutschen hatte leichtes Spiel – wer sich begründet ängstigt, ist dankbar für jede Andeutung eines Auswegs und daher leicht zu beeinflussen und auszunützen. Verheißungsvolle Aussichten wie „Arbeit und gerechter Lohn für alle" nährten bei vielen Österreichern den Boden der Hoffnung. An den Wirtshaustischen und in den Straßen diskutierte man zuerst hinter vorgehaltener Hand und dann ganz offen darüber, dass Hitlers Großraumpläne ein Ankurbeln der Wirtschaft vorsehen und es mehr Arbeit geben werde. „Arbeitsplätze und Wohlstand für alle", hießen die Zauberworte, die den wahren Hintergrund und die Interessen der neuen deutschen Machthaber verschleierten. Dass die Erreichung dieses Ziels ausschließlich durch Rüstungsproduktion erreicht werden sollte und die Wirtschaft damit in letzter Konsequenz am Untergang ihrer eigenen Voraussetzungen und Adressaten bastelte, war den hungernden, verängstigten Menschen, die nicht mehr klar denken konnten, nicht einsichtig. Man war blind vor Not. Die Erinnerung Johann Granders an diese Zeit ist verschwommen. Aber umso weniger Verständnis bringt er heute dafür auf, dass man – ohne drängende Not – gleich der ganzen Schöpfung und ihrer ineinandergreifenden Ordnung den Krieg erklärt und die Zukunft und Lebensqualität seiner Kinder und Enkel gegen „Wirtschaftswachstum" und „Fortschritt" opfert, obwohl klar erkennbar ist, dass auf diesem Weg die Armen der Welt nur noch ärmer werden. Damals ging es vielfach um das nackte Überleben, heute geht es für viele nur noch um noch mehr Überfluss. Dass es Krieg geben würde – der ja trotz der besonders leidvollen Erfahrungen des Ersten Weltkriegs als (untaugliches) Mittel zur Konfliktlösung noch immer nicht ausgedient hatte –, wusste auch Johann Grander senior. Es schien ein tausende Jahre altes Naturgesetz zu sein, dass Menschen ständig um ihr von vielen Seiten bedrohtes physisches und kulturelles Überleben kämpfen mussten und kein anderes Mittel als den Krieg kannten.

Mit seiner Frau unterhielt sich Grander darüber, dass Hitler schon dabei wäre, eine eigene Wehrmacht aufzubauen. Johann Grander war nun 36 Jahre alt und konnte nicht länger übersehen, was das bedeutete: Es war ihm klar, er würde die Familie verlassen müssen, um neuerlich in den Krieg zu ziehen.

Aus der Kindheit gerissen

Am 13. März 1938 marschierten deutsche Hitlertruppen in Österreich ein. Mit der Unabhängigkeit des Landes war es für schreckliche sieben Jahre vorbei. Für die Grander-Kinder war die kleinbürgerliche Welt in den Bergen damals noch ziemlich in Ordnung. Das Ausmaß der Veränderungen in ihrem Leben konnten sie vorerst nur an den sorgenvollen Mienen der Eltern ablesen. Ansonsten war es dem kleinen Johann, der mittlerweile in der Volksschule Jochberg eingeschult worden war, überhaupt nicht recht, sich ständig mit Themen der nationalsozialistischen Propaganda befassen zu müssen – sogar im Unterrichtsfach Rechnen wurden den Schülern kriegsbezogene Aufgaben gestellt. Sich gegen diese propagandistische Gehirnwäsche zu wehren, war für Kinder nur schwer möglich. Instinktiv lehnte der junge Schüler aber dieses eindimensionale Denken ab. Allein seiner Mutter erzählte er, wie wenig ihm das Geschehen in der Schule gefalle. Die politisierenden Aufgaben würden ihn langweilen; viel mehr noch, sie vergifteten sein ganzes Interesse und erschütterten seinen Glauben in die Institution Schule. Am Anfang hatte er sich dort ganz wohl gefühlt. Er freute sich, jeden Tag Neues zu erfahren und zu erlernen. Die Lehrerin, die er, wie es damals üblich war, Fräulein nannte, war nett und verstand es gut, den Lehrstoff vorzutragen und die Kinder zu begeistern. Bei Johann blieben neue Inhalte dank seiner raschen Auffassungsgabe ohnehin schnell hängen. Vor allem der Bereich Technik und alles damit in Verbindung stehende hatte es ihm angetan. Immer wieder erzählte er seiner Mutter mit glänzenden Augen Einzelheiten über das Funktionieren von Autos, informierte sie über die seiner Meinung nach wissenswerten Details von Motorrädern und versuchte, sie in die technischen Feinheiten des Flugzeugbaus einzuführen. Vor allem Motoren faszinierten und zogen ihn ganz in ihren Bann. Alles Geschehen rundherum schien zu verblassen und in seinem jungen Dasein keinen Platz mehr zu haben.

Die Meldungen aus den Radios über das Aufdecken von Widerstandsgruppen, die blutigen Auseinandersetzungen mit den National-

Johann Grander wurde im so genannten Riederhaus in Jochberg geboren. Hier verbrachte er seine Kindheit und Jugend.

sozialisten, die einsetzende Judenhatz, das alles drang zwar an sein Ohr, jedoch nicht weiter. Seine Gedanken und seine Seele blieben den schmerzlichen Ereignissen verschlossen. Nicht zuletzt war es die Mutter gewesen, deren besorgte Liebe es trefflich verstanden hatte, die Kinder von den Schreckensmeldungen weitgehend abzuschirmen. Sie wollte nicht, dass die Kinder bereits in jungen Jahren die Unruhen und beginnenden Kriegsgräuel bewusst miterlebten. Ihre Kinder sollten sich als Kinder – frei und weitgehend unbeschwert – entwickeln können. Trotzdem blieb dem kleinen Johann das eine oder andere Detail nicht verborgen und er machte sich seine Gedanken darüber.

Das Lernen fiel ihm leicht; und wenn nicht gerade propagandistische Inhalte gewälzt wurden, hatte er in den Schulstunden so manchen Spaß. Den beschwerlichen Schulweg meisterte er in Gesellschaft seiner Geschwister. Die Grander-Kinder nahmen ihn – wie die meisten Landkinder damals – als Selbstverständlichkeit ohne Murren auf sich. Frühmorgens zogen sie, noch schlaftrunken, bei jeder Witterung los. Wenn sie endlich das Klassenzimmer erreichten, war die Kleidung durchnässt und begann im warmen Raum ordentlich zu dampfen. Im Verlauf des Vormittags sollte sich das Glühen auf die arbeitenden Köpfe übertragen.

Konnte Johann der Schulzeit damals durchaus noch positive Seiten abgewinnen, sollten später negative Gefühle die Oberhand behalten. Johann befand, dass in den Schulen über individuelle Neigungen und Talente der Schüler einfach hinweggegangen werde. Statt die unterschiedlichen Begabungen der Kinder zu erkennen und zu fördern, wusste man mit ihnen nichts Besseres anzufangen, als sie gegen einen undifferenzierten Wissens- und Vorstellungsbrei zu tauschen und die Schüler nach einem einheitlichen Muster zu formen. Alle individuellen Bestrebungen, Anlagen und Entwicklungschancen wurden unter den Tisch gekehrt. Zum Wohl von Disziplin und Ordnung musste alles dem Schulkodex mit seinen steifen Regeln entsprechen. Schon allein das war für Johann Grander, der schon als Kind auf Eigenwilligkeit und Freiheit gepolt zu sein schien, eine bittere, kaum erträgliche Erfahrung. Sie sollte sein ganzes Leben prägen wie auch die Tatsache, dass er auf Geheiß der nationalsozialistischen Kreisleitung bereits mit dreizehn Jahren vom Unterricht freigestellt wurde. Johann Grander blieb ein Abschlusszeugnis und damit die Grundvoraussetzung für eine höhere Schulausbildung versagt. Diese Tatsache hat er im späteren Leben oft bedauert.

Entbehrungsreiche Jugend

Auch für den jungen Johann Grander standen die Zeichen auf Übernahme neuer verantwortungsvoller Aufgaben. Er wechselte mit dreizehn Jah-

Schwester Sophie in Festtagskleidung für die Erstkommunion, im Hintergrund der kleine Johann. Die gläubige Mutter erzog die Kinder in katholischer Tradition.

Wie der Sohn, so der Vater: Das Interesse an Fahrzeugen und Motoren liegt sichtlich in den Genen der Familie Grander. Auf dem Foto: Vater Grander mit Enkel Werner, dem Sohn seiner Tochter Kathi.

ren, selbst kaum den Kinderschuhen entwachsen, in die Rolle des Familienoberhauptes der Großfamilie Grander. Johann war der zweitgeborene des Elternpaares, dem vier Geschwister folgten. Es war üblich, dass sich die älteren um die jüngeren Kinder kümmerten, und Johann war sich der ihm vom Schicksal übertragenen Verantwortung bewusst. In der Zeit, als sein Vater für zum Glück nur kurze Zeit am Zweiten Weltkrieg teilnehmen musste, erfüllte es ihn mit Stolz und Freude, in dieser schwierigen Situation für die Geschwister und die Mutter verantwortlich zu sein. Überall, wo Hilfe nötig schien, war er zugegen. Allen wusste er zur Hand zu gehen, hilfreich einzugreifen, wenn eines der Mädchen nicht mehr weiter konnte oder müde wurde. Die frühe Verantwortung hat seinen Charakter geformt und ihn für zukünftige, höhere Aufgaben vorbereitet. Johann war erst dreizehn Jahre jung, aber selbst seine Mutter, die wie die meisten Mütter dazu neigte, in ihren Sprösslingen immer das Kind zu sehen, akzeptierte ihn bald als selbstständigen jungen Mann, mit dem sie alle Arbeit, Verantwortung und Sorge teilen konnte. Er war nicht nur geschickt und zupackend bei der Arbeit, sondern besaß auch einen umsichtigen Verstand. Diese Zeit war für Johann also nicht nur eine Zeit der Sorge und frühen Herausforderung, er nützte sie vielmehr, um sich in seiner späteren Fähigkeit zu üben, eine beispielhaft erfolgreiche Ehe zu führen und ein vorbildhafter Vater zu sein.

Zeit für Vergnügungen oder Sport war keine geblieben, ausgenommen ein kurzer Schiausflug mit der Hitlerjugend im letzten Schuljahr: Der Winter war bitter kalt und es gab jede Menge Neuschnee. Die Buben waren in ausgelassener Stimmung, als das Schicksal in voller Härte zuschlug. Die warmen Sonnenstrahlen lockerten die oberen Schneeschichten und verwandelten sie in eine tödliche Falle. Auf dem vereisten Untergrund lösten sie sich und rissen einen unmittelbar vor Johann fahrenden Jungen mit in die Tiefe und damit aus dem Leben. So endete dieser Tag, der zu einem besonders schönen und die Knaben für viele schwere Arbeit und Verantwortung ein wenig entschädigen hätte sollen mit einem Gefühl tragischer Unentrinnbarkeit. Johann, der dem Unglück selbst nur knapp entkommen war, fühlte sich zutiefst betroffen. Seitdem war Schifahren für ihn immer mit der Empfindung unfassbarer Bedrohung verbunden.

Das Jahr 1943 wurde in vielerlei Hinsicht bedeutend: Die Schulzeit ist nach rascher Entscheidung beendet, und Johann wird von der nationalsozialistischen Kreisleitung erstmals mit Aufgaben betraut: er soll, dreizehnjährig, mit dem von ihr eingezogenen Traktor, einem Lanc Holzgastraktor, arbeiten.

Obwohl Johann keinen Führerschein besaß, nur den Willen, den Traktor genauso gut fahren zu können wie sein Vater, fand er sich eines Morgens befehlsgemäß am so genannten

Riederfeld ein. Die Kreisleitung hatte ihn aus der Schule geholt und ihn diesem neuen Dienst zugewiesen. Nun stand er da, blickte auf den Traktor und wusste nicht so recht, wie er seine Aufregung vor dem, was nun kommen mochte, verbergen sollte. Johann war einerseits froh, dem Unterricht mit seiner öden Propaganda enthoben zu sein, andererseits zitterten ihm vor der neuen Herausforderung nicht zuletzt angesichts seiner Auftraggeber die Knie. Aber er schaffte es wie einst sein Vater auch. Beflügelt vom Wunsch, das beste Gefährt, einen Traktor mit Druckluftbremse, anvertraut zu bekommen, strengte er sich enorm an. Und siehe da, es dauerte nicht lange, bis er sich das Traktorfahren wie seinerzeit Johann Grander sen. beigebracht hatte. Das tuckernde Geräusch des Traktors war weit über die gelben Stoppelfelder, über die er sich mühelos bewegte, zu hören. Kräftig zog er den Anhänger, der bis über den Rand hinaus mit schwerem Holz beladen war. Die hohe Last erwies sich für das Lenken als äußerst schwierig, rasches Wenden des Fahrzeugs setzte viel Übung voraus. Dennoch: In kürzester Zeit verstand er es, ihn zu bedienen, zu reparieren und selbst die schwierigsten Ladungen rasch und unversehrt an ihren Bestimmungsort zu bringen. Johann verschmolz mit seinem „Schützling“ so sehr – wartete, säuberte, polierte, prüfte und reparierte alles im Alleingang –, dass schon bald der Witz kursierte, er werde einmal einen Traktor heiraten und nicht ein einziges Staubkorn auf ihm dulden. Darüber hinaus hatte die intensive Beschäftigung mit dem Traktor den Vorteil, ihn von der Angst um den Vater ein wenig abzulenken. Um die Jahreswende 1943/44 zeichnete sich bereits ab, dass der Krieg nicht mehr zu gewinnen war. Sein Vater war erst kürzlich eingezogen worden und die Furcht, ihn womöglich nie mehr wieder zu sehen, war größer als die begründete Sorge, selbst noch eingezogen zu werden. Sein Vater wurde aber nach wenigen Monaten aus gesundheitlichen Gründen aus dem Kriegsdienst entlassen.

Neubeginn

Der Krieg war verloren und das Leben in den Bergen begann sich ganz langsam wieder zu normalisieren. Dennoch war nichts wie vorher. Die Frauen, die während des Kriegs zu Hause, in den Betrieben und im täglichen Leben die Stellung gehalten und die Männer ersetzt hatten, mussten nun die blassen, ausgemergelten, von Verwundungen bis hin zu Verstümmelungen gezeichneten und von Krankheiten geplagten Kriegsheimkehrer, die oft auch noch unter den Nachwirkungen jahrelanger Gefangenschaft litten, mit wenigen Mitteln gesund pflegen. Die Kinder erlebten ihre heimgekehrten Väter oft als dünne, kraftlose Gestalten mit schroffen Gesichtszügen und blicklosen Augen. Die Tatsache, wieder zu Hause zu sein, schien vielen nur langsam bewusst zu werden. Wer es geschafft hatte, von der Front oder aus der Gefangenschaft heimzukehren, konnte das manchmal selbst kaum fassen. Vertrauen und Zuversicht ins Leben mussten – genau wie die Männer selbst – erst wieder zu Kräften kommen. Es gab viele, deren Heim sich in der langen Abwesenheit aufgelöst hatte. Und es gab ebenso viele Familien, die vergeblich auf Väter, Brüder und Söhne warteten. Für diese Hinterbliebenen waren die Berichte der Kriegsheimkehrer der Ersatz für ein Begräbnis, die Gelegenheit, irgendwie formal Abschied zu nehmen. Eigentlich hätten sie viel zu erzählen gehabt, diese Männer, aber Schweigen konnte beim Überwinden der grauenvollen Erlebnisse vielfach besser helfen. Man musste nach vorne blicken. Was sie überrollt hatte, konnte nicht ungeschehen gemacht werden. Jammern, Grübeln, Erinnerungen nachhängen, Schuld zu- oder abweisen brachte nichts. Jeder neue Tag war einer, an dem das trotz allem unberührte Geschenk des Lebens wieder von vorn genützt werden konnte und musste. Die damaligen Tiroler waren nicht gestrig, sie dachten an ihre Verantwortung für die Zukunft, deren Bewältigung sie auch nur diese offenkundig völlig neuartige Zukunft lehren konnte.

Auch in der Familie Grander war es Zeit für einen Neubeginn. Die in den Kriegsjahren verhärmt wirkende Mutter gewann ihre stille Heiterkeit zurück und der junge Johann trat seine Stellung als Familienoberhaupt gerne wieder ab. Er konnte die Entlastung gut gebrauchen. Obwohl er zwei Jahre lang als Traktorfahrer Furore gemacht hatte und die Funktionsweise des Fahrzeugs in allen Details auswendig kannte, war er dazu gar nicht legitimiert gewesen. Nun hatte er Zeit, den Führerschein nachzumachen und war, 16-jährig, endlich auch von Gesetzes wegen befugt, einen Traktor zu lenken. Wenigstens auf diesem Gebiet wollte Johann seinen Vater noch schonen.

Ein klassisches Familienfoto der damaligen Zeit. Von links: Vater Grander, Elfriede, Sophie, Kathie, Johann und die Mutter Katharina.

Familiengründung

Zu Beginn der Fünfzigerjahre zeichnete sich ab, dass die wirtschaftliche Lage an Stabilität gewann. Es war die Zeit des Wiederaufbaus, und die Menschen schöpften neue Hoffnung. Es schien, dass es rasch bergauf gehen würde. Der Arbeitsmarkt verlangte nach verlässlichen Kräften, vor allem nach solchen, die technisches Verständnis mitbrachten. So war es keine Überraschung, dass Johann Grander junior schnell Arbeit fand, die einen recht ordentlichen Lohn einbrachte. Getreu der ungebrochenen ländlichen Tradition besserte er damit das Familieneinkommen wesentlich auf. Er stand von nun an in den Diensten der Firma *Ischia, Johann Schifferegger & Co.* aus Innsbruck. Als Lastwagenfahrer, der für die Obst- und Gemüsetransporte von Innsbruck nach Kitzbühel verantwortlich zeichnete, konnte er seiner Leidenschaft für alles Technische und vor allem für Motoren weiterhin frönen. Dennoch gestaltete sich das Leben mit der neuen Arbeit für Johann nicht gerade leicht. Die Anforderungen waren enorm und kosteten viel Kraft. Jede Nacht um ein Uhr musste der junge Mann aus dem Bett und sich in den harten Sitz seines Lastkraftwagens begeben. Die Straßen verliefen oft in gefährlichen Serpentinen und verlangten ihm sein ganzes Fahrkönnen ab. Bei jeder abfallenden Straße drängten Fahrzeug und Last in unregelmäßigen Schüben nach vorne, wodurch das Lenken regelrecht zum Kunststück wurde. In Kitzbühel angelangt, musste die rasch verderbliche Ware sofort umgeladen werden. Mit dieser neuen Ladung machte sich Johann auf, um Kunden im Gasteinertal zu beliefern. Oft waren diese aufwändigen Touren nur durch einen sechzehn- bis achtzehnstündigen Einsatz zu schaffen. Die Folge waren ständige Rückenschmerzen. Johann nahm die Arbeit trotz der großen Anstrengung und der gesundheitlichen Gefährdung auf sich, weil er unbedingt gut verdienen und jeden möglichen Schilling für die Zukunft sparen wollte. Die damalige Gesetzeslage betrachtete erst ein über 75 Wochenstunden hinausgehendes Pensum als Überstunden, die als solche bezahlt werden mussten. Die Vorstellung, dieses Ziel erreichen zu wollen, war zwar unmenschlich, aber nichts desto weniger gültig. Die Menschen stellten sich dieser Herauforderung, wenn auch mit heftiger Kritik gegen diese unsinnige und unwürdige Vorgabe des Gesetzes.

Familiengründung

Johann Grander war mittlerweile dreiundzwanzig Jahre alt. Groß, schlank, blond, fröhlich und fleißig war er der Schwarm der meisten Mädchen des Tales. Doch eines Tages

Seine erste Anstellung als LKW-Fahrer hatte Johann Grander bei der Innsbrucker Firma Joh. Ischia, Schifferegger & Co.

Auch die Kollegen von Johann Grander posierten gerne für den Fotografen. Der Laster musste selbstverständlich mit aufs Bild.

Der junge Johann Grander, stolz und lässig in seinem ersten LKW, mit dem er in ganz Tirol Obst und Gemüse auslieferte.

fand eine Kärntnerin namens Inge ihren Weg über Vorarlberg nach Jochberg. Die feinsinnige Regie in diesem Stück führte Kathi, Johanns Schwester. Sie hatte, wie so viele andere junge Frauen auch, die Chance ergriffen, in der Vorarlberger Textilindustrie Geld zu verdienen. Kathi war in einer Spinnerei beschäftigt. Dort freundete sie sich mit Inge Steiner an, einer bildhübschen Kärntnerin. Die beiden waren bald unzertrennlich. Um Kosten zu sparen, nahmen Kathi und Inge ein gemeinsames Zimmer. Inge hatte ebenso wie Kathis Bruder Johann eine Tochter und das Gehalt musste auch für eine kleine Tochter reichen.

Es ist heute nicht mehr ganz genau zu klären, ob Kathi in kupplerischer Absicht bei Inge über ihren Bruder schwärmte, aber es freute sie, dass die Fotos ihres feschen Bruders höchstes Interesse bei Inge hervorriefen. Ein Musikfest in Jochberg sollte für Kathi der geeignete Moment werden, um ihren Bruder Inge vorzustellen. Es klappte sofort! Der fesche Jochberger war von Inge von Anfang an hingerissen. Er ließ keinen Tanz aus und versuchte sich von seiner besten Seite zu zeigen. Danach schrieben sie einander drei Monate lang romantische Briefe. Johann hatte es eilig, so behauptete Inge zumindest im Nachhinein, und nach drei Monaten war der Mädchenschwarm heiratsreif. Inge war vorsichtiger – oder klüger, sie erhörte ihn erst nach einem Jahr

Hohe Zeit

An einem strahlenden Oktobertag des Jahres 1954 – obwohl ihm sein Arzt geraten hatte, das Bett zu hüten, da ihn eine fiebrige Grippe schüttelte–, gaben Hans und Inge einander in Kärnten das Ja-Wort. Die Hochzeitsgesellschaft war klein, aus Gründen der Sparsamkeit waren nur die beiderseitigen Eltern und Kathi, die Ehestifterin, eingeladen. Nur Inges Hochzeitskleid hatte für ihre Verhältnisse ein kleines Vermögen verschlungen. Sie war sich sicher – und wollte es auch zeigen –, dass sie nur einmal in ihrem Leben heiraten würde und dabei gar nicht schön genug aussehen konnte. Johann war damit einverstanden. Die Hochzeitsreise fand im LKW statt, da er für seine Firma in der Steiermark Obst holen musste.

Als Ehepaar nach Jochberg zurückgekehrt, wurde der erste gemeinsame Hausstand bei einer Bauernfamilie auf einem Hügel gegründet. Dennoch stand für Johann fest, dass er in diesem Haus, das einem entfernteren Verwandten gehörte, nicht lange bleiben wollte. Die junge Familie wohnte in dem oberen Zimmer zur Miete. Die Verhältnisse waren sehr beengt. Das Leben dort erinnert an Szenen in düsteren Problemfilmen: Das Haus dunkel und kalt, ohne Strom, ohne Wasser – Inge musste es mit Eimern nach oben in die Küche schaffen. Beim Wäschewaschen stand sie am Balkon über einen Bottich mit kaltem Brunnenwasser und einer Waschrumpel

Inge Grander, geborene Steiner, war sich sicher, in Johann den Mann ihres Lebens gefunden zu haben. Trotzdem ließ sie ihn ein Jahr lang auf das Ja-Wort warten.

Mit diesesm Foto trat der attraktive Johann erstmalig in Inges Leben. Es hatte ihre Aufmerksamkeit sofort erregt.

gebeugt. Ihr Ehemann stand ihr in den nächsten Jahren in der täglichen Plagerei um nichts nach. Fast Tag und Nacht fuhr er mit dem LKW. Überstunden waren eine Lebensnotwendigkeit geworden, weil die Familie mit den Kindern Roswitha, Heinz, Inge und Hanni mittlerweile sechs Personen umfasste. Trotz der beschwerlichen Lebensumstände in dem kleinen Haus und Johanns oftmaliger langer Abwesenheit ist für beide die Erinnerung an diese Zeit wunderbar. Wenn Johann um ein Uhr nachts aufstehen musste, war Inge ebenfalls auf und richtete ihm das Frühstück – Marmeladebrot und Kaffee; die Butter überließ er jetzt der Frau und den Kindern. Inge war glücklich, ihn vor seinen langen, erschöpfenden Touren ein bisschen verwöhnen zu können und ihn so spät in der Nacht für sich alleine zu haben.

In diesen arbeitsreichen Jahren war die Freude an den Kindern die größte Motivation zum Durchhalten. Was ihm zu schaffen machte, waren die beengten Wohnverhältnisse und die Angst, dass alles Schuften und Sparen nicht reichen würde, um der immer größer werdenden Familie, die sich gegenseitig auf die Zehen trat, mehr Platz zu bieten. Nacht für Nacht träumte er davon, seine Familie in ein eigenes, großes Haus führen zu können. Alles aus den zahlreichen Überstunden stammende Geld sparte er nun für ein Grundstück, auf dem er dieses Haus bauen wollte. Aber bis dahin galt es noch sehr viele Hindernisse zu überwinden.

Neben der kleineren Schwester Elfriede die strahlende Ehestifterin Kathi, die Inge und Johann bei einem Fest in Jochberg miteinander bekannt gemacht hatte.

Die Hochzeit fand in Kärnten, der Heimat Inges, in kleinstem Rahmen statt. Anwesend waren die Eltern des Brautpaares und natürlich Kathi.

Traum vom eigenen Heim

Der Zeitpunkt, einen geeigneten Grund für das ersehnte eigene Haus zu kaufen, rückte immer näher. Ein Bauplatz, unweit der bisherigen Wohnung, der allen gefiel und perfekt geeignet schien, war längst ins Auge gefasst. Das Haus mit großen, hellen Räumen, die endlich genügend Platz für alle bieten würden, schien in greifbare Nähe gerückt. Die Familie plante mit Feuereifer – bis es sich der zunächst willig gewesene Grundeigentümer plötzlich anders überlegte und trotz mehrerer Bittgänge bei seiner ablehnenden Entscheidung blieb. Es hieß also, wieder von vorne zu beginnen. Johann Grander wurde ungeduldig: Er saß auf seinem mit unzähligen Überstunden und tausenden von gefahrenen Kilometern mühselig zusammengekratzten, eisern gesparten Geld und konnte niemanden finden, der ein brauchbares Grundstück verkaufen wollte. Es war wie verhext. Jochberg sah interessiert zu. Man konnte sich ohnehin nicht so recht vorstellen, wie die vielköpfige Familie Grander sich das leisten wollte: Ein Haus bauen! So etwas konnten sich damals nur reiche Bauern oder gut verdienende Städter leisten. Es wurde getuschelt und gemunkelt. Konnte Grander wirklich keinen Verkäufer finden oder hatte er von vornherein den Mund zu voll genommen und tat jetzt nur so? Aufgeben wäre aber auch ohne diese zusätzliche Herausforderung nicht

in Frage gekommen. Im Gegenteil – Johann Grander fühlte, dass das Schicksal einen noch viel besseren Baugrund für ihn bereithielt und suchte unter Mithilfe seines Vaters unverdrossen weiter. Tatsächlich fand sich ein Bauplatz in einem der schönsten Winkel der Kitzbüheler Alpen, der noch dazu in der Nähe seines Geburtshauses lag. Auch über den Kaufpreis war man sich schnell einig.

Härten des Lebens

Die Schwierigkeiten beim Grundkauf waren ein Vorbote der Mühsal, die den Hausbau begleiten sollte. Selbstverständlich wollte und musste man möglichst viel selber machen, konnte aber die sonstigen Pflichten deswegen nicht vernachlässigen. Johann Grander saß in dieser Zeit rund vierhundertzwanzig Stunden pro Monat im LKW, pro Woche also unvorstellbare einhundertfünf Stunden. Und die künftige Bauherrin war mit der großen Kinderschar natürlich auch mehr als ausgelastet. So wurden auch die Sonntage mit Arbeit verplant. Der unbeirrbare Einsatz des Ehepaars, das die Kosten für einen Bagger einsparen musste und daher den Raum für den Keller eigenhändig aushub, nötigte der Dorfbevölkerung Respekt ab. An den Wirtshaustischen, an denen Grander aus Zeitmangel ohnehin nie anzutreffen war, fielen anerkennende Worte. Die ursprüngliche Skepsis war der Überzeugung gewichen, dass die Granders es ernst meinten und auch schaffen würden, obwohl das fünfte Kind unterwegs war und die junge Mutter allen Anspruch auf Schonung gehabt hätte. Das war jedoch kein Thema. Wichtig war nur die Fertigstellung des Hauses. Weder Johann noch seine Frau wären auf den Gedanken gekommen, sich zu beklagen. Sie empfanden es als persönliches Privileg, ein eigenes Haus bauen zu können, was zu damaligen Zeiten keine Selbstverständlichkeit war. Das große Ziel beflügelte; ausruhen konnte man, wenn alles fertig war. Trotzdem gab es ein Aufatmen, als Helfer in Form von Inges Brüdern anrückten. Getrübt wurde diese tatkräftige und zuversichtliche Zeit jedoch durch den Tod von Johanns Vater.

Auf zu neuen Ufern

Das Haus, das sich Johann für die Familie so sehr gewünscht hatte, wurde im Jahr 1962 fertiggestellt. Eine große Last fiel von der Familie. Frau und Kinder waren glücklich in den ersehnten großen Zimmern, und Johann mit ihnen. Er atmete auf. Die Hände in den Schoß zu legen war zwar nie seine Sache gewesen, die Fertigstellung des Hauses aber und die dadurch gewonnene Zeit verschafften ihm ein Gefühl von Luxus: Er war frei, frei für Neues! Die Aufgabe, die man gemeinsam bewältigt hatte, das veränderte Lebensgefühl im geräumigen Haus gab seinem durch die materiellen Existenzbedingungen der letzten Jahre im wahrsten Sinn des Wortes unter die (LKW-) Räder gekommenen Hang zu anderen Ufern neuen Auftrieb.

Johann Grander brauchte Herausforderungen, in die er sich verbeißen und vertiefen konnte. Schwierigkeiten beflügelten ihn. Aufgeben kam nicht in Frage. Eine Sache, der man sich ganz und gar widmen, die man zu einem greifbaren Erfolg führen konnte – das liebte er. Allerdings lagen seine Ziele jetzt nicht mehr am Ende irgend einer Landstraße, sondern vergeistigten sich. Die langen LKW-Fahrten gingen ihm immer mehr gegen den Strich. Er hatte das Haus ja nicht gebaut, um seine Familie dort abzuladen und im Übrigen fern von ihr zu sein. Ganz im Gegenteil, Johann wollte eine Arbeit, die so lukrativ war, dass sie ihm sowohl Zeit für seine Bücher als auch für Frau und Kinder ließ. Er wollte ihnen nahe sein, mit ihnen plaudern, spielen, Erziehungsfragen ernst nehmen.

Eine Lösung zeichnete sich 1963 ab, und zwar in seinem unmittelbaren Umkreis. Jochberg, nahe am Pass Thurn und der Touristenmetropole Kitzbühel gelegen, wurde täglich von vielen Pendlern, Tagesausflüglern und Urlaubern mit Fahrzeugen durchquert. Das Verkehrsaufkommen war dank der vermehrten Mobilität überall gestiegen. Die Mineralölfirmen sahen sich nach immer mehr Standorten für ihre Tankstellen um, so auch in Jochberg. Als Johann erfuhr, dass ein

Inge Grander unterstütze ihren Mann, wo sie nur konnte, selbstverständlich auch beim Bau des eigenen Hauses.

Für die damaligen Verhältnisse war es keineswegs selbstverständlich, ein eigenes Haus zu bauen. Umso größer die Freude der Granders, endlich ein eigenes Heim zu besitzen.

Kein Wunder, dass sich Johann Grander in diese bildhübsche Frau verliebte. Auf dem Foto: Inge mit ihrer ältesten Tochter Roswitha.

Die Grander'sche Kinderschar der Fünfzigerjahre: die Töchter Inge und Hanni und der älteste Sohn Heinz (von links nach rechts).

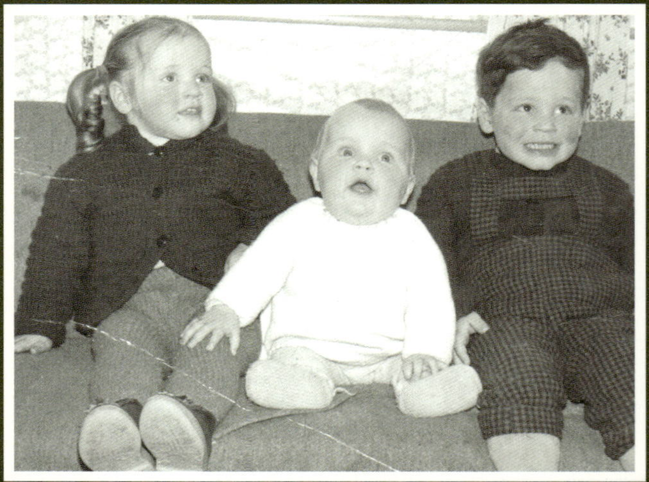

Auch wenn man es ihm noch nicht ansieht – der kleine Hans sollte zur größten Unterstützung seines Vaters werden.

Trotz seines zeitraubenden Berufes versuchte Johann Grander, möglichst oft mit seiner Familie, hier auf dem Foto die Kinder Inge und Heinz, zusammen zu sein.

Tankstellenpächter gesucht wurde, stand so gut wie fest, dass sein Nachbar diese Arbeit übernehmen würde. Grander aber wusste: Da war sie, die Chance, die er gesucht hatte. In den folgenden Nächten konnte er kein Auge mehr schließen. Er malte sich aus, wie schön es sein müsste, wenn Wohnort und Arbeitsplatz zusammenfielen. Wie immer besprach er die Lage mit seiner Frau. Mit einem beruflichen Wechsel riskierte er ja nicht nur die Finanzen der Familie, die dank der LKW-Fahrten, wenngleich mit sehr viel Einsatz, bestens gesichert waren, er brauchte vor allem ihre direkte Unterstützung. Eine Tankstelle war kein einsamer Job wie einer hinter dem Lenkrad. Dieses Argument gab für Inge den Ausschlag. Sie bestärkte ihn in seinem Vorhaben. Also sprach er bei der Mineralölfirma vor – und überzeugte.

Benzingeruch

Das Abenteuer Tankstelle begann am 1. November 1963. Fast enthusiastisch stürzte sich Johann Grander auf die neue Arbeit. Alles schien so schön organisiert. Er konnte nebenbei letzte Feinschliffe am Haus erledigen und das Mittagessen, das immer pünktlich auf dem Tisch stand, gemeinsam mit der Familie einnehmen. Bereits einen Monat später jedoch zeigten sich die Nachteile des Berufswechsels, die der mittlerweile voll hereingebrochene Winter noch verstärkte: Nicht nur, dass der Tankstellenbetrieb wider Erwarten weniger Geld einbrachte als die LKW-Fahrten, erwies sich die Arbeit, die sich hauptsächlich im Freien abspielte, als ungeahnt mühsam. Mit steif gefrorenen Fingern und Zehen, mit eiskaltem Werkzeug hantierend, manchmal in nassen Kleidern, stand, lief und kniete Johann stundenlang, Tag und Nacht, in Dreck und Schnee, um Benzin einzufüllen, Öl zu wechseln, Autos zu reparieren und Schneeketten zu montieren. Jeder der zahlreichen Kunden hatte es eilig. Gab es besonders viel zu tun, war er nicht nur auf die Hilfe seiner Frau, sondern auch auf die seiner Kinder angewiesen, die dann das Auftanken und Fensterputzen übernahmen. Dazu kamen noch die Buchhaltungsarbeiten, die in erster Linie Inge erledigte.

Die gesamte Familie stand also – für ein geringeres Einkommen – voll im Einsatz, und Johann war überdies gesundheitlich gefährdet: In den Knien stellten sich hartnäckige Schmerzen ein. Zum ersten Mal in seinem Leben musste er regelmäßig Medikamente einnehmen. So hatte man sich den Berufswechsel nicht vorgestellt. Einziger Lichtblick war das enge Zusammenrücken der Familie und die Tatsache, dass der Winter mit seinen harten Zusatzarbeiten vorüberging. Vormittags, wenn die Kinder in der Schule waren, kam Inge zur Tankstelle, um zu helfen, auch wenn sie dann eilig nach Hause laufen musste, um das Mittagessen vorzubereiten. Nach den Schulaufgaben stellte sich regelmäßig eines der Kinder zur Verfügung.

Auf der Tankstelle herrschte reger Betrieb. Johann hatte sich – wieder einmal – rasch einen guten Namen gemacht. Er erkannte zwar, dass er nichts anderes war als ein Knecht der Ölmultis, Diener einer undurchschaubaren Macht, die ihre Pächter so beherrschten und an sich banden, dass ihnen ein Absprung, besonders, wenn sie Familie hatten, nicht mehr möglich war. Die Gelegenheit jedoch, sich vermehrt mit Motoren und Fahrzeugen aller Art zu beschäftigen, entschädigte ihn. Seine Geschicklichkeit, sein Gefühl für funktionale Zusammenhänge waren bald allgemein bekannt. Die einen kamen, um seine eigenwilligen Meinungen und Lösungsansätze zu hören, die anderen, um gleich ihr Fahrzeug in seine Hände zu geben.

Der intensive Umgang mit Fortbewegung aller Art verleitete Grander, sich ein schweres Motorrad anzuschaffen, um damit gemeinsam mit Gleichgesinnten so manche Spritztour zu unternehmen. Eine seiner Fahrten nach Kitzbühel leitete das Ende dieser Leidenschaft ein. Grander wurde für einen kurzen Moment abgelenkt und kam mit seiner Maschine zu Sturz. Schwer verletzt entging er um Haaresbreite einer Querschnittslähmung und dem Tod; monatelang litt er unter starken Schmerzen. Der Schock saß tief. Grander liebte sein Leben und schätzte seine Gesundheit viel zu sehr, um sie noch einmal zu gefährden. Dazu kam die Sorge um die Familie: Wie hätten Frau und Kinder weitergelebt ohne ihn – oder mit einem Krüppel, der sich mutwillig zuschanden gefahren hatte? Somit waren Motorräder künftig für ihn kein Thema mehr.

Beginnende Zweifel

Die Tankstelle entwickelte sich zu einem beliebten Treffpunkt für alle Jochberger. Es hatte sich herumgesprochen, dass man mit Grander angeregt über fast alles reden konnte. Sein Wissen, seine vielfältigen Interessen und ungewöhnlichen Blickwinkel, seine Neugierde und seine Neigung, frei von der Leber weg zu sprechen, unbekümmert und unerschrocken alles und jeden in Frage zu stellen, ohne besserwisserisch oder unfreundlich zu sein, faszinierten und inspirierten die Menschen. Vor allem sein steigendes Interesse für die Natur und die Umwelt, das mit einer zwiespältigen Betrachtung seiner Arbeit auf der Tankstelle und an den Autos einherging, fiel auf. Immer öfter bezweifelte Johann Grander die Sinnhaftigkeit des ständig steigenden Verkehrsaufkommens mit all seinen negativen Begleiterscheinungen wie den zahlreichen Verkehrstoten, dem unerträglichen Lärm, den gesundheitsgefährdenden Abgasen, den ständig neuen Straßen und der in der Landschaft herumstehenden Rostschüsseln. Er dachte intensiv über Verbesserungsmöglichkeiten nach und unterhielt sich darüber lebhaft mit seinen Kunden, die in einem Anbau neben der Tankstelle Getränke zu sich nehmen konnten. Unter den Besuchern fand sich so manches Mitglied der in und um Kitz-bühel reichlich vertretenen Prominenz. Beim „charmanten Hans" musste man einfach vorbeischauen. Unter den Tankkunden waren auch Stars wie Zarah Leander und Udo Jürgens. Der Kontakt mit diesen in der Öffentlichkeit stehenden Personen, die Kenntnis ihrer „Macken" und ihrer großen Gesten erweiterten und schärften seinen früher mehr auf Motoren gerichteten Blick beträchtlich. Er wusste bald zu unterscheiden, wer wirklich Ausstrahlung und Format hatte, intelligent und offen reagierte, oder wer sich nur wichtig machen und mit unselbstständigem Nachplappern Eindruck schinden wollte. Sie waren ihm aber alle auf gleiche Weise sympathisch, wenn auch nicht jeder gleich interessant. Kaum jemals war er ungeduldig, geschweige denn abschätzig. Er war sich der Unverbindlichkeit seiner eigenen Erkenntnisse und Meinungen bewusst und empfand auch die seiner Ansicht nach ignoranten oder weniger intelligenten Besucher als gleichberechtigten, unverzichtbaren, liebenswerten Teil der Schöpfung.

Johann Granders Bereitschaft, Menschen kennen zu lernen, seine Fähigkeiten, ihre Eigenart zu erfassen, sich auf sie einzustellen und umgekehrt von ihnen zu profitieren und akzeptiert zu werden, ließen ihn für die Politik geradezu ideal geeignet erscheinen. Dies meinte jedenfalls der engagierte Schuldirektor von Jochberg. Für ihn war Johann Grander ein hervorragender Kandidat der sozialistischen Fraktion für die nächste Gemeinderatswahl. Sein tadelloses Privatleben, die Gemeinschaft mit seiner Frau Inge, die es – obwohl Kärntnerin – geschafft hatte, sich mit den alteingesessenen Jochbergern richtig anzufreunden, waren weitere Pluspunkte.

Die Arbeit als Tankstellenpächter ermöglichte es Johann Grander, täglich bei seiner Familie zu sein, anstatt mit dem LKW kreuz und quer durchs Land fahren zu müssen.

Die Leidenschaft für Motorräder, die er mit vielen jungen Männern teilte, wurde durch seinen schweren Unfall jäh beendet.

Inge musste auch bei der Arbeit auf der Tankstelle mithelfen, obwohl sie mit Haus und Kindern mehr als ausgelastet war.

Die Tankstelle entwickelte sich rasch zu einem beliebten Treffpunkt. Auch internationale Stars wie Zarah Leander machten bei Johann Grander gerne Halt.

Politische Karriere

Johann Grander war vom Angebot, für die SPÖ, die Sozialistische Partei Österreichs, zu kandidieren, durchaus angetan, bat sich aber Bedenkzeit aus. Er empfand sich nicht als politischen Menschen und hatte sich noch nie mit dem Gedanken getragen, öffentliche Interessen zu vertreten. Dennoch wollte er den Vorschlag ernsthaft überlegen. Der Gedanke, in der Öffentlichkeit zu stehen und seine Fähigkeit, Menschen zu überzeugen, auf einmal bewusst und zielgerichtet einzusetzen und damit auch noch Erfolg für alle haben zu sollen, war ihm nicht ganz geheuer. Er ahnte, dass sein Umgang mit den Mitmenschen das Spielerische und die Leichtigkeit verlieren würde und zum Gegenstand von Konkurrenz bis hin zu Missgunst und Machtbewusstsein verkommen könnte. Andererseits war es seine Natur, „Nägel mit Köpfen" zu machen, nicht nur zu fantasieren und zu reden, sondern etwas weiterzubringen, sich einzusetzen, zu pflegen, zu schützen, zu helfen. Das alles konnte er in der Politik mit weitaus größerer Reichweite tun. Und nicht zu vergessen: Johann Grander schätzte Herausforderungen. Sie waren nicht nur der ihn faszinierende „Motor" der Dinge im wahrsten Sinne des Wortes, sondern erweiterten, wenn er Glück hatte, seinen Horizont, vergrößerten seine Einsicht und seine Kräfte.

Dennoch gab es auch nicht zu unterschätzenden Nachteile: Der absehbare Verlust an Freizeit, die er mühsam genug gegen die Anforderungen des Tankstellengeschäftes verteidigt hatte, und der mögliche Verlust seiner Unbefangenheit. Grander war lange unschlüssig, entschied dann aber doch, die Kandidatur anzunehmen. Der SPÖ stand er aus mehreren Gründen näher als den anderen. Vor allem der Umstand, dass es die SPÖ gewesen war, die seinem Vater, der trotz Krankheit und lebenslanger schwerer Arbeit keinen Anspruch auf Pensionszahlungen besaß, zum Ruhestand und einem bescheidenen Einkommen verholfen hatte, gab den Ausschlag für seinen Einstieg in die Politik.

Johann Grander erwies sich auch der neuen Herausforderung gegenüber vollauf gewachsen und erfüllte die in ihn gesetzten Erwartungen in sehr geschickter Weise. Als er seine politische Arbeit begann, zählte die sozialistische Partei im 800-Seelendorf Jochberg gerade vierundzwanzig Mitglieder. Innerhalb kürzester Zeit erhöhte sich dank ihm ihre Zahl auf einhundertzwanzig, was eine Verfünffachung bedeutete und ihn schließlich sogar zum Gemeindevorstand machte. Johann Granders politisches „Geheimrezept" war vielleicht, dass er sich zu keinem Zeitpunkt anbiederte, nie seine eigenen Vorstellungen und Meinungen außer Acht ließ und immer er selbst blieb. Noch dazu hatte Grander von Anfang an klar gestellt, dass er nur für sechs Jahre, also nur für eine einzige Funktionsperiode, im Amt bleiben werde. Am Ende seiner Tätigkeit trat er sogar aus der Partei aus.

Politik und Religion

Eine enge Freundschaft mit regem Gedankenaustausch verband Johann Grander mit dem ortsansässigen Pfarrer, der ihn regelmäßig in der Tankstelle besuchte. Die Gemeindebürger sahen die konspirative Allianz zwischen ihrem Geistlichen und dem Sozialisten-Häuptling mit schmunzelndem Wohlwollen. Die Freundschaft und Granders Einfluss auf den Pfarrer erreichten einen spektakulären Höhepunkt, als dieser trotz massiver Kritik der öffentlichen Meinung der SPÖ beitrat. Diese offene Zusammenführung zweier vermeintlich unvereinbarer Gegensätze verlangte natürlich nach einem besonderen Rahmen. Grander wollte seinem Freund das Parteibuch nicht nur persönlich, sondern bei einem dem Anlass entsprechenden Festakt überreichen. Zu dieser Feier kam der Landesparteivorsitzende und spätere Finanzminister Dr. Herbert Salcher persönlich aus Innsbruck angereist. Bei einem späteren Besuch wurde Dr. Bruno Kreisky gebeten, das Parteibuch zu unterschreiben, was er auch gerne tat.

Der Gasthof „Schwarzer Adler“, in dem die größeren Treffen der in Jochberg rasch wachsenden SPÖ stattfanden, bekam schnell den Spitznamen „Roter Adler“. Seiner Überzeugung folgend, dass Gegensätze ein wesentlicher Teil des Lebens sind und sich nicht nur ergänzen, sondern vereinbaren lassen, gestattete Grander im Wahlkampf, bei seiner Tankstelle neben den Plakaten der SPÖ auch die der ÖVP anbringen zu lassen. Er wollte, wie immer, nicht eliminieren, sondern koexistieren. Dass er dabei untergehen könnte, kam ihm nicht in den Sinn. Johann Grander war ein Familienmensch in der umfassendsten Bedeutung des Wortes. Daher war es für ihn, anders als für den Großteil der Jochberger, nicht nur ein Vergnügen, sondern ein Anliegen, einem unverhofft in seiner Tankstelle auftauchenden „schwarzen“ Nationalratsabgeordneten aus dem Burgenland besondere Aufmerksamkeit zu widmen. Man verstand sich bestens. Die anwesenden Jochberger empfanden das launig verlaufende Treffen als Kabarettvorführung und sponnen es an den Wirtshaustischen fort. Ihr sozialistischer Obmann und Gemeindevorstand war eben immer für eine überraschende Unterhaltung gut.

Prominente Besucher

Johanns Engagement als Ortspolitiker, seine Begeisterung und auch seine Erfolge animierten Inge, ihm es im Kreis der sozialistischen Frauen gleichzutun. Er hatte vorgezeigt, wie die

Dinge liefen, und Inge hatte daraus gelernt. Sie war SPÖ-Bezirksobfrau und engagierte sich im Landesfrauen-Komitee. Man zog also weiterhin am gleichen Strang. Abgesehen vom Bedürfnis, ebenfalls aktiv zur Besserung der allgemeinen Lebensverhältnisse beizutragen, wollte Inge nicht das Schicksal vieler Politikerfrauen teilen, die ihren Mann unversehens an diesen äußerst vereinnehmenden Beruf verloren hatten. Johann war dankbar, aber auch besorgt, weil er sah, dass seine zierliche Frau mit dieser weiteren Belastung, die zur Verantwortung für Haushalt, Kinder und Tankstelle hinzukam, eigentlich überfordert war und nur mehr von ihrem Kampfgeist, der dem seinen in nichts nachstand, zusammengehalten wurde.

Johann Grander verfügte über alle Eigenschaften, die ein populärer und guter Politiker haben muss. Das hatte der Schuldirektor aus Jochberg, der ihn für diese Aufgabe gewonnen hatte, richtig erkannt. Grander konnte große Zusammenhänge erkennen und beurteilen, ohne den Blick für die Kleinen oder das Nächstliegende zu verlieren. Er konnte große Dinge bewegen und war dennoch immer bereit, auch im Kleinen rasch und unbürokratisch Hilfe zu leisten. Er hatte keine Scheu, anzuordnen oder zu verweigern, dachte aber immer daran, dass er nicht Herr über Menschen und Dinge war, sondern Diener der gemeinsamen Sache. Er besaß natürliche Autorität und konnte sich gerade deshalb auch einfügen. Er war in der Lage, sich Persönlichkeiten aus der großen Politik zu Freunden zu machen und die Vertreter der Medien richtig zu behandeln, ohne deswegen sein Gefühl für den Nachbarn zu verlieren. Und er war charismatisch. Sein Einzug in den Landtag oder gar in den Nationalrat in Wien schien vielen Beobachtern nur noch eine Frage der Zeit zu sein. Der Fisch selber dachte jedoch nicht im Geringsten daran, das vertraute heimische Gewässer zu verlassen. Grander wollte nicht den Fehler begehen, seine Grenzen zu verkennen. Sein Mangel an Schulbildung war ihm immer schmerzlich bewusst. Da hätte es der Neider, die er als unvermeidliche Begleiterscheinung des Erfolges mittlerweile auch hatte, gar nicht bedurft.

Eines der großen Anliegen seiner politischen Jahre war der Bau einer Umfahrungsstraße für Jochberg. Es gelang ihm sogar, zu diesem Zweck alle wichtigen Entscheidungsträger, die ein Treffen in Kitzbühel geplant hatten, in Jochberg zu versammeln. Dennoch musste er zuletzt zur Kenntnis nehmen, dass auch einem Mann mit seinem beharrlichen Durchsetzungsvermögen, seiner Überzeugungskraft und seinem politischen Talent Niederlagen nicht erspart bleiben. (Und dass das persönliche Erscheinen des Bautenministers noch lange keinen Bau bedeutet.) Die Bäume wachsen eben nirgendwo in den Himmel.

Bruno Kreisky in Jochberg

Der kleine Ort Jochberg wurde zum Anziehungspunkt für viele prominente österreichische Politiker. Die Fäden im Hintergrund zog der SPÖ-Gemeindevorstand und Rechnungsprüfer Johann Grander. Die Kunde von seinem vielfältigen Wissen und umfassenden Aktionsradius war bis nach Wien gedrungen. Längst sprach man in der Bundeshauptstadt über den kleinen Kommunalpolitiker, dem es dank seiner charismatischen Ausstrahlung und seines unorthodoxen Einfallsreichtums ausgerechnet in Tirol gelungen war, den „Schwarzen", also der ÖVP, das Wasser abzugraben. Sogar Bruno Kreisky wurde neugierig.

Kreisky, der sich 1959 vor den Vereinten Nationen für die Südtiroler stark gemacht hatte, war schon seit Beginn der Sechzigerjahre ein gern und häufig gesehener Gast in Tirol. Als Außenminister fand er in Landeshauptmann Eduard Wallnöfer – einem Urgestein der Österreichischen Volkspartei –, einen Verbindungsmann. Beiden lag viel daran, die in Südtirol um sich greifende Radikalisierung, die aufgrund der Missachtung geltender Gesetze durch die italienische Politik entstanden war, in den Griff zu bekommen, und den Südtirolern beizustehen.

Bei einer seiner Fahrten nach Tirol lernte der Diplomat und spätere Bundeskanzler Bruno Kreisky den Jochberger SPÖ-Obmann kennen. Es kam, wie es bei Johann Grander offenbar kommen musste: Die beiden verstanden sich auf Anhieb. Bei einem Glas Rotwein und einem Gespräch, das unversehens weit länger dauerte als geplant, kam man sich sehr nahe. Es sollte sich zeigen, dass die dabei geknüpften Freundschaftsbande ein Leben lang halten würden. Kreisky war von Grander, seinem politischen Talent und zukunftsweisenden Spürsinn so angetan, dass er, wann immer es ihm möglich und er in Tirol unterwegs war, einen Besuch bei ihm einplante. Zu diesen Treffen brachte er manchmal auch politische „Lehrlinge" mit, die ihm besonders am Herzen lagen, wie z. B. den damaligen jungen Finanzminister Hannes Androsch. Jochberg half mit seiner malerisch-bizarren Umgebung, deren zeitloser, majestätischer Schönheit – wie Johann Grander wusste – , im Hintergrund mit, die Besucher zahm zu machen, profitierte von der hohen Aufmerksamkeit. Die kleine Gemeinde schien in aller Munde und ein Liebling der Presse geworden zu sein. Die Bevölkerung gewann an Selbstvertrauen; keiner der heute älteren Bürger, gleichgültig ob rot, schwarz oder sonstwie politisch gefärbt, der sich nicht gerne an diese Blütezeit zurückerinnert.

Johann Grander meisterte auch kritische Situationen in der für ihn typischen schlagfertigen Art. Selbst eine Herausforderung durch die Musikkapelle Jochberg rund um eine von ihm organisierte und durch die Anwesen-

Johann Grander hatte es wieder einmal geschafft: Er initiierte ein Treffen in Jochberg, um Politiker von der Notwendigkeit einer Umfahrungsstraße zu überzeugen.

Der gebürtige Tiroler und damalige Gesundheitsminister Herbert Salcher bedankt sich bei den Jochbergern für ihre langjährige Gastfreundschaft.

Wieder einmal im Kreis der Jochberger Freunde! Mit herzlichem Dank und freundschaftlichen Grüßen

11. Mai 1978

Immer wieder gern in Jochberg, jetzt als Gesundheitsminister wegen der guten Luft, als Tiroler aber vor allem wegen der guten Freunde.

27. 12. 1979

Gipfeltreffen" der Politiker in Jochberg

minente Politiker im Bezirk Kitzbühel • Schlittenfahrt der roten Prominenz in Jochberg

E. O.) Zu einem privaten „Gipfeltreffen" sozia-ischer Politikerprominenz kam es kürzlich in hberg, wo Außenminister Pahr und Kabinetts-l Prohaska ihren Weihnachtsurlaub verbrach-. Hiezu gesellten sich der in Kitzbühel wei-de Wiener Bürgermeister, Gretz, und LHStv. cher. Die sich ebenfalls im Raum Kitzbühel auf aub befindlichen Unterrichtsminister Sinowatz l Staatssekretär Lausecker mußten ihre Teil-ıme im letzten Moment absagen. Grund dieses unserer Gegend seltenen Treffens waren je-h nicht politische Gespräche, sondern eine Ein-ung der Gemeinde und des Fremdenverkehrs-bandes Jochberg zu einer Pferdeschlittenfahrt h Jochbergwald. An dieser nahmen neben den ttinnen der Politiker auch Altbezirkshaupt-nn Trentinaglia, Bürgermeister Larcher und der malige ORF-Verkehrsexperte Fritz Senger, lcher in Jochberg ein Haus besitzt, teil.

ie Anwesenheit der prominenten Genossen men die SPÖ-Funktionäre Jochbergs zum An-zu einer Gesprächsrunde, welche jedoch mehr tig als politisch verlief und an welcher auch LA f. Kantner (St. Johann) und Alt-Landtagsvize-sident Horngacher (Kirchberg) teilnahmen.

Mit dem bekannten deutschen Politiker Franz-sef Strauß, der sich ein paar Tage bei Kitzbühel hielt, war auch ein Mann der politischen Gegenseite in dieser Gegend auf Urlaub. Der bayerische CSU-Vorsitzende, der gerade in den letzten Wochen für politische Schlagzeilen sorgte, zeigte beim volkstümlichen Eisschießen, daß er nicht nur in der Politik der starke Mann ist. War früher die in Kitzbühel und Umgebung weilende Prominenz aus Königs- und Fürstenhäusern, scheint diese nun in den letzten Jahren einer solchen aus der Politik des In- und Auslandes Platz zu machen.

ute Laune herrschte beim privaten Politikertreffen der sozialistischen Prominenz in Jochberg. Links der Wiener Bürgermeister, Gratz, mit LA Professor Ka HStv. Salcher. Mitte: Außenminister Pahr fühlt sich bei der Schlittenfahrt zwischen den Gatinnen von Alt-Bezirkshauptmann Trentinaglia (links) und Bür archer sichtlich wohl. Rechts: Bürgermeister Larcher im Gespräch mit Kabinettschef Dr. Prohaska (ganz links) und Außenminister Pahr (rechts). (Fotos: E

heit Kreiskys geadelte Wahlkampfveranstaltung entschied er locker zu seinen Gunsten: Die Musikanten – so heißen in Tirol die Mitglieder einer Musikkapelle – hatten kurzfristig und unerwartet die Gestaltung des musikalischen Rahmenprogramms mit der Begründung verweigert, dass sie noch nie für politische Wahlwerbung aufgetreten seien. Die Parteifreunde waren in heller Aufregung. Keine Musik, das bedeutete auch keine Stimmung. Und überhaupt ..., ein Skandal bahnte sich an. Im Gegensatz zu seinen Kollegen blieb Grander ruhig und zuversichtlich – wo ein Problem, da eine Lösung, war seine lang erprobte, bewährte Devise. Und so fand er auch in dieser heiklen Angelegenheit einen Weg: Es fiel ihm ein, dass sich die Musikkapelle der Nachbargemeinde Aurach neue Uniformen gekauft, aber noch nicht abbezahlt hatten und deshalb jede Einnahme gut gebrauchen konnte. Grander fand einen Freund, der den vereinbarten Betrag vorstreckte (später bekam er das Geld von der Partei zurück). Unter diesen Bedingungen war die Kapelle allemal bereit, beim Empfang von Bruno Kreisky hingebungsvoll aufzuspielen. Der Applaus war dementsprechend, und es wurde eine besonders gelungene Veranstaltung. Natürlich fand Johann Grander für sein erfolgreiches Handeln auch in Jochberg große Anerkennung.

Die Schlagfertigkeit und das Organisationstalent von Johann Grander machten immer wieder von sich reden. So führte er den alten Tiroler Brauch des Mai-Baum-Aufstellens wieder in Jochberg ein. Diese Tradition ist in Innsbruck seit dem 16. Jahrhundert überliefert. Als einige „Schwarze“ ankündigten, der Baum werde in der Nacht des 1. Mai nicht lange stehen, antwortete Hans: „Wenn ihr das meint, dann schneidet ihn um, dann gibt es wieder ein paar Schwarze weniger.“ Grander spielte damit auf die großen SPÖ-Gewinne in Jochberg an und gleichzeitig auf die Redewendung, dass man, wenn man beim Baumschneiden unvorsichtig ist, unter den Baum kommen kann.

Dieser und andere Sprüche von Johann Grander machen in Jochberg noch heute, dreißig Jahre später, die Runde.

Ein VW-Käfer vom Minister

Wo Tauben sind, fliegen Tauben zu – Kreiskys Vorbild folgend, suchten nun auch andere Vertreter der hohen Politik die persönliche Bekanntschaft des weithin bekannten Jochberger SPÖ-Obmanns, darunter Otto Rösch, damaliger Innenminister, der von Johann ebenfalls sofort begeistert war. Dieser seinerseits wusste nicht nur den weiteren Besucher zu schätzen, sondern mit der ihm eigenen Selbstverständlichkeit die Gunst der Stunde zu nutzen. Beim Anblick des Innenministers erinnerte sich der fürsorgliche Parteiobmann daran, dass es dem ortsansäs-

Ein Andenken an die Zeit von Johann Granders politischer Tätigkeit: Bruno Kreiskys persönliche Grußkarte.

Der spätere Bundeskanzler Dr. Bruno Kreisky reiste eigens nach Tirol, um Johann Grander während seines Wahlkampfes zu unterstützen.

sigen Gendarmerieposten an einem wirklich brauchbaren Dienstfahrzeug mangelte: Kam sein Freund, der Postenkommandant von Jochberg, mit seinem damals im Gendarmeriegebrauch üblichen Puch 500 zur Tankstelle, war grundsätzlich mehr Öl als Benzin nachzufüllen. Johann Grander schilderte diesen Umstand und die sonstigen Mucken des Fahrzeugs sehr plastisch und verwies auf die lange und damals kritische Pass-Thurn-Strecke, die von Jochberg aus zu betreuen war.

Drei Wochen später langte ein nagelneuer VW-Käfer ein und wurde vor der Tür des Gendarmeriepostens abgestellt. Für den Postenkommandanten war es nicht zu fassen. Wer ebenfalls staunte, waren die Beamten des Landesgendarmeriekommandos Innsbruck. Dabei blieb es aber nicht. Dort wollte man sich nämlich keinesfalls übergehen lassen und befragte den Postenkommandanten telefonisch, wie es das gebe. Gleichzeitig teilte man ihm amtlich mit, dass für die Vergabe von Kraftfahrzeugen nach wie vor die Landesgendarmeriestelle zuständig sei. Das Missverständnis klärte sich rasch auf – dem Innenminister persönlich pfuschte keiner ins Handwerk.

Politischer Höhepunkt

Johann Granders Gespür für festliche Höhepunkte, die dazu beitragen konnten, Jochberg und seine prachtvolle Umgebung weithin bekannt zu machen, war nicht entgangen, dass zwei Brüder hier ihren Urlaub zu verbringen pflegten, die einen dritten, sehr bekannten Bruder hatten – den österreichischen sozialdemokratischen Bundespräsidenten Franz Jonas. Es wäre doch zu schön, wenn Franz Jonas nicht nur die Brüder, sondern bei dieser Gelegenheit auch Jochberg besuchen würde. Mit seiner Idee hielt er nicht hinterm Berg. Er selbst hatte keine Zweifel; wozu hatte man schließlich Freunde wie Bruno Kreisky, Herbert Salcher und Otto Rösch. Die drei Politiker waren von dem reizvollen Plan angetan. Als Vollprofis erkannten sie sofort den allseitigen Werbewert eines solchen Zusammentreffens und sagten ihre Unterstützung zu. So war auch Franz Jonas einverstanden. Der Tag des historischen Besuchs wurde feierlich im gesamten Gebiet von Kitzbühel begangen. Fahnen, Blumen, Musikkapelle, Schützen und andere Vereine, hübsch gekleidete Kinder, und alle Jochberger in Festtagstracht. Es war erhebend – fast wie zu Kaisers Geburtstag.

Grander, der die SPÖ-Anrede „Genossinnen und Genossen“ kein einziges Mal in seiner politischen Laufbahn verwendet hatte, begrüßte auch diesmal die hohen Gäste mit seinen eigenen Worten, nämlich mit „liebe Freunde“ („... da sind die Weiberleit auch dabei“). Der Ausdruck „Genossen“ war Johann zu kommunistisch, und wie immer im Leben blieb er

Johann Grander nahm seine Zeit als Ortspolitiker sehr ernst. Er engagierte sich im Gemeinderat, organisierte Veranstaltungen und half, wo immer er konnte. Seine Frau Inge unterstützte den Frauenverband und war in mehreren Gremien politisch tätig.

ungeachtet des Anlasses seiner Überzeugung treu. Die Zuhörer waren doppelt gerührt und die Jochberger besonders stolz auf ihren berühmten und eigenwilligen Vorstand, der es verstand, ausgefallene Unternehmungen zu organisieren und prominente Persönlichkeiten zu seinen Bewunderern zu machen. Nur der Tiroler Landeshauptmann Eduard Wallnöfer konnte Grander, obwohl räumlich und weltanschaulich naheliegend, nie persönlich kennen lernen. Diese beiden toleranten, dem Land Tirol und seinen Bewohnern mit allen Fasern ihres Herzens verbundenen Männer hätten sich mit Sicherheit besonders gut verstanden, aber leider nie die Gelegenheit zu einem Treffen gefunden.

Die Kehrseite der Medaille

Johann Granders Umgang mit prominenten Persönlichkeiten wie Bruno Kreisky oder Hannes Androsch und die Bereitwilligkeit, mit der sie kamen, sich einladen und dazu verwenden ließen, den Bekanntheitsgrad von Jochberg zu fördern, hatte natürlich den Nebeneffekt, auch ihn selbst ins Licht der Öffentlichkeit zu rücken, was den eigenen Parteifreunden zunehmend suspekt wurde. Nachdem man am Erfolg und an den Vorteilen, die er brachte, partizipiert hatte, wollte man auch die Kehrseite genießen: Missgunst und Neid. So mancher hoffnungsfrohe Kandidat für den Nationalrat oder wenigstens den Landtag fühlte sich der vermeintlichen Konkurrenz von Johann Grander mit Recht nicht gewachsen. Wer seine Aufstiegschancen schwer gefährdet sah, sorgte eifrig für Gerede und Missstimmung. Granders Beliebtheit konnte nicht mit rechten Dingen zugehen. Was war er denn schon? Kind ganz gewöhnlicher Leute, ehemaliger LKW-Fahrer, Tankstellenpächter, ohne große Schulbildung. Solche Menschen taten nichts ohne dunkle Absichten. Hinter vorgehaltener Hand wurde über die Familie und ihren angeblichen Größenwahn, der auch vor persönlicher Bereicherung nicht zurückschrecke, getuschelt und gemunkelt. Einer, der so viel Erfolg in der Politik hatte, musste einfach Dreck am Stecken haben. Seine Gattin Inge war ja auch politisch tätig und war sogar Bezirksparteiobfrau. Man schloss von sich selbst auf ihn und unterstellte nicht nur Johann, sondern auch seiner Frau Inge all das, worauf man sich selbst an seiner Stelle eingelassen hätte.

Grander war von seinem Wesen her kein Politiker und hatte auch nicht den geringsten Ehrgeiz, in dieser Richtung Karriere zu machen. Insofern fürchteten sich seine Gegner eigentlich vor nichts. Als Grander in Jochberg das Amt des SPÖ-Obmannes angenommen hatte, hatte er sich nur für eine Gemeinderatsperiode verpflichten – oder besser gesagt überreden – lassen. Der Grund lag damals in familiären Wurzeln: Die SPÖ hatte seinem Vater zu einer Rente verholfen, als er bei schlechtem Gesundheitszustand noch zur Wildbachverbauung eingeteilt gewesen wäre. Außerdem hatte er in seinem Lohnsäckel die höhere Bezahlung der Über- und Nachtarbeitsstunden als positive Leistung der SPÖ erlebt.

Als die glänzende Periode vorüber war, zögerte Johann keine Sekunde – wie mit sich selber und den anderen vereinbart –, den Abschied zu nehmen. Die parteiinternen Intrigen und der Neid mancher Mitmenschen (unter dem Motto: Irgend etwas muss dran sein, weil anschaffen tut ja nur noch der Grander) machten ihm den Abschied nur leichter.

Als seine Funktionsperiode, für die er sich der Partei gegenüber verpflichtet hatte, vorüber war, legte er nach Absprache mit Inge sein Parteimandat mit allen seinen Ämtern nieder und verabschiedete sich aus der Politik. Es tat ihm nicht leid. Er hatte eine abwechslungsreiche, aufregende und lehrreiche Zeit verbracht, viele interessante Persönlichkeiten kennen gelernt, einiges für Jochberg und seine Bewohner erreicht – was wollte er mehr? Ein Wechsel in den Landtag oder nach Wien wäre für ihn ohnehin nicht in Frage gekommen. Johann Grander hatte die Menschen lange von ihrer zusammenrückenden, begeisterungsfähigen und aufbauenden Seite erlebt. Die nun aufbrechende negative, eifersüchtige, zerstörerische Seite wollte er sich und seiner Familie ersparen.

Familienleben

Ein weiterer Umstand, der Johann den Abschied von der Politik leicht machte, war die Tatsache, dass in diesem Beruf das Familienleben zwangsläufig zu kurz kommen musste. Er erinnerte sich daran, dass er die Stelle als Tankstellenpächter vor allem deshalb angestrebt hatte, weil er hoffte, dadurch näher bei Frau und Kindern zu sein, mit ihnen richtig zusammenleben zu können. Nun warteten insgesamt sechs Sprösslinge daheim auf die Liebe und Aufmerksamkeit ihrer Eltern – Heinz (geb. 1955), Inge (geb. 1956), Hanni (geb. 1957), Hans jun. (geb. 1962), Heidi (geb. 1967) und der 1971 geborene Neuzuwachs Heribert. Johann Grander erlebte jetzt, wie spannend es war, sich mit den eigenen Kindern und ihrer Erziehung zu beschäftigen. Er versuchte, ihnen ein guter, aufmerksamer Vater zu sein. Vor allem ihre berufliche Ausbildung wollte er gesichert sehen.

Grander las nun viele Bücher zu elementaren Lebensthemen. Was bedeutete die Abfolge von Generationen? Welchen Sinn hatte das menschliche Dasein? War mit dem Tod alles vorbei? Lebte man ausschließlich in seinen Nachkommen weiter? Diese Annahmen allein wären für Grander schon Grund genug gewesen, sich um die Zukunft der Menschheit zu sorgen. Wer Kinder in die Welt setzt, geht einen Pakt mit der Zukunft ein und ist ihr verpflichtet. Es handelte sich also nicht um eine Last, sondern um eine Herausforderung, um eine Aufgabe, die dem eigenen Tun überhaupt erst Bedeutung verlieh. Dennoch fühlte er, dass dies nicht alles sein konnte. Für ihn stand nach langem Nachdenken fest, dass die menschliche Seele keineswegs das endliche Schicksal des Körpers teilte. Der Tod war nichts anderes als die Heimkehr zu dem Ort, von wo sie gekommen war. Ihre „Verkörperung" hatte als Lehrzeit zu gelten. Wer sie erfolgreich absolviert und seine Aufgaben erfüllt hatte, würde leicht Abschied nehmen und heimgehen können. Die Vorbereitung der eigenen Kinder auf diese Lehrzeit, ihre Unterstützung bei der Bewältigung der auf sie zukommenden Aufgaben und bei der Weitergabe allen Lebens erkannte er nun als die wichtigste Arbeit, die es auf Erden überhaupt geben konnte. Seine Eltern hatten ihre Aufgabe hervorragend erfüllt, er war ihnen dankbar, hoffte, die von ihnen empfangene Liebe an seine Kinder weiterreichen zu können und war im übrigen sicher, dass er sie in einem späteren Leben wiedersehen würde.

Berufswechsel

Die nächste wichtige Entscheidung in Johann Granders Leben ließ nicht lange auf sich warten. 1972 lief sein zehnjähriger Vertrag als Tankstellenpächter aus und Grander musste sich überlegen, ob er ihn verlängern wollte oder nicht. Zahlreiche Gründe sprachen dagegen. Das Geschäft war nicht gewinnbringend zu führen, sodass sich die Konkurrenz durch eine weitere Tankstelle geradezu existenzgefährdend auswirkte. Die gesundheitliche Beeinträchtigung wurden immer offensichtlicher. Johann litt häufig an Schleimbeutelentzündungen in den Knien, die nicht zuletzt vom vielen Anlegen der Schneeketten im Freien und bei jeder Witterung herrührten. Zusätzlich machten ihm die Benzindämpfe Sorgen. Lange vor Einführung der Katalysatoren dachte er darüber nach, wie Abgase zu verhindern wären.

Ein weiterer Gesichtspunkt, der einen Wechsel nahelegte, war die immer undurchsichtiger und arbeitsaufwendiger werdende steuerliche Situation. Plötzlich sollte sogar das Trinkgeld – und zwar rückwirkend – versteuert werden. Zu all dem kam ein schmerzhaftes Bandscheibenleiden von Inge, das sie sich bei der Aushilfsarbeit auf der Tankstelle zugezogen hatte; ohne ihre Unterstützung, die ihr Johann aber nicht länger zumuten wollte, war das Geschäft jedoch noch unrentabler. So kamen er und seine Frau zu dem Ergebnis, dass er sich nach einer anderen Beschäftigung umsehen sollte.

In diese Zeit der Neuorientierung fiel auch Granders Entschluss, aus der katholischen Kirche auszutreten. Er hatte seine ganz persönliche Beziehung zu Gott gefunden, die mit den von der Amtskirche vertretenen Positionen nicht mehr zu vereinbaren war. Ein wahrhaftiger Mensch wie er musste daraus die Konsequenzen ziehen. Für seine Kinder traf er keine Entscheidung. Sie sollten diese Frage später einmal ebenso für sich alleine klären, wie er das nun getan hatte. Seine Haltung erregte in der Gemeinde Jochberg – wieder einmal – großes Aufsehen. Der Austritt, den er vor der Bezirkshauptmannschaft erklären musste, hatte insofern eine skurrile Pointe, als er aus diesem Anlass mit seiner Unterschrift die seinerzeitige Taufe bestätigen sollte. Für einen Praktiker wie ihn war dies ein verrücktes Ansinnen: Wie sollte er etwas als Tatsache bestätigen, woran er sich naturgemäß mit Sicherheit nicht erinnern konnte?

Nachdem sowohl die Auflösung der Tankstellenpacht als auch der Kirchenaustritt erledigt waren, machte sich Johann Grander auf die Suche nach einer neuen Beschäftigung. Da der Senior-Chef eines Betonwerkes Johann schon lange als verlässlichen Menschen kannte, bot er ihm einen Posten als Mischmeister an. Da das Qualitätsprofil der Firma hoch war, besuchte Johann Kurse in Salzburg. Endlich entsprach das Einkommen wieder dem Arbeitseinsatz. Johann Grander fühlte sich wohl und dachte, er hätte nun eine Lebensstellung gefunden. Zwei Jahre arbeitete er als Mischmeister. Als er gewisse Unregelmäßigkeiten von Kollegen bei Materiallieferungen feststellen musste, verlor er die Freude an der Arbeit und zog sich von der Firma zurück.

Die Wandlung

Die zweijährige Tätigkeit als Mischmeister war also nur ein Zwischenspiel gewesen. Wider Erwarten beunruhigte ihn diese Tatsache nicht. Eigentlich hätte er sich Sorgen machen müssen. Die finanzielle Lage war nicht so rosig. Sein Wohnhaus war noch immer mit einer Hypothek belastet und er hatte sechs Kinder zu ernähren, denen er vor allem eine gute Ausbildung ermöglichen wollte. Aber Johann spürte, dass diese Arbeitslosigkeit nicht als Unglück, sondern als Übergang anzusehen war, sie hatte etwas von einem Gottesgeschenk, war keine Bosheit des Schicksals, sondern erlaubte ihm Besinnung und Neuorientierung. Johann Grander fühlte sich von der Plackerei, die sein bisheriges Leben geprägt und dazu geführt hatte, dass er vor lauter Bäumen den Wald nicht mehr sah, beurlaubt. Wenn er es recht bedachte, sah er den Wald überhaupt zum ersten Mal. Und nicht nur den Wald, auch die Wiesen und Almen, die Bäche und die Bergzüge, deren schroffe Gipfel und Kanten die Welt – je nach Tageszeit und Witterung – von der ewigen Weite des Himmels zu trennen oder auch mit ihm sich zu vereinen schienen. Natürlich hatte er die Schönheit der Natur schon früher bemerkt, hatte im Grunde immer gewusst, dass sie ihn begleitete wie die saubere, Kraft spendende Luft zum Atmen. Als Politiker hatte er diese einmalige Pracht der Natur gekonnt eingesetzt, um Menschen zum Wohle Jochbergs zu umgarnen und in Urlauber oder wenigstens in Befürworter zu verwandeln. Aber dies hier, dieser neue Blick, der ihm plötzlich geschenkt wurde, war etwas ganz anderes. Er sah nun mehr als die Brauchbarkeit und Benutzbarkeit der Landschaft und ihrer Schönheit. Wenn er nicht las oder sich den Kindern widmete, hing er seinen Gedanken nach und geriet immer mehr in philosophische Betrachtungen.

In diesem Prozess, den Johann Grander als geistige und seelische Reinigung, als Aufatmen nach langer Atemnot erlebte, kam die Bitte eines Bekannten hinzu, ihm den Sommer über beim Bau einer Almhütte in Aurach zu helfen. Grander stimmte spontan und erfreut zu. Jeden Morgen fuhr er auf die Alm und genoss die frühe Stunde, in der alles wie frisch gebadet aus dem Dunkel der Nacht auftauchte. Die reichliche Bewegung in der frischen Luft tat ihm gut. Sogar die Schmerzen in den Knien besserten sich. Er war abgelenkt, nicht nur von der anregenden Arbeit, sondern auch von den Bergen, die immer näher zu kommen schienen. So, in unmittelbarer Nähe, wurde ihre souveräne, über allen Dingen stehende Pracht immer mehr zum Zentrum seines Denkens und Fühlens. Immer wieder verharrte er in stumm ergriffener Andacht. Am Morgen wechselten die Farben von durchscheinendem Blau in ein zartes Grau gegen Mittag, um am Abend nach kurzem, feurigen Aufglühen mit der sich ankündigenden Schwärze der Nacht zu verschmelzen.

Diese scheinbar leblose, lebensfeindliche, zerklüftete Steinmasse hatte etwas unendlich Schützendes – sie war der unzerstörbare, unbeeinflussbare Mutterschoß, der stets aufs Neue das Leben spendende Wasser gebar. Gereinigt, genährt und munter brach es hervor, um sich später wieder in den ewigen Kreislauf einzufügen. Sie entließ es in sprudelnden Quellen, die zu übermütigen, in spielerische Umwege verstrickte und mit Stolpersteinen kämpfenden Bächen heranwuchsen, um sich schließlich als ausgewachsene Flüsse und Ströme in die Weltmeere zu ergießen und auf diese Weise alles mit allem zu verbinden. Das Wasser erfüllte nicht nur Menschen, Tiere und Pflanzen mit prallem, samtigem Leben, es brachte auch Botschaften von den Bergen zu den Ozeanen und von dort zum Himmel und wieder zurück.

Johann Grander erschien dieser ewige Zyklus auf einmal ganz klar vor Augen. Er verspürte das dringende Bedürfnis, zu horchen und die Sprache des Wassers zu verstehen. Oder war es das Wasser, das sprechen wollte? Unwichtig, Grander bemühte sich um Verständigung. Wie glasklar und zugleich rätselhaft das Wasser war ... Seinen Gesetzmäßigkeiten auf die Spur zu kommen bedeutete auch, den Seinsbedingungen der Welt einen Schritt näher und allem Wissen darüber zwei Schritte entfernter zu sein. Dennoch musste er suchen. Nach den Botschaften des Wassers, die alle Gesetze der Natur enthielten, wollte er sein künftiges Leben gestalten; weit weg von den Menschen, die mit der Natur auf Kriegsfuß lebten, um als Kriegsgewinner von ihrer Zerstörung zu profitieren; weg von der Politik, die die Menschen ganz besonders zum Lügen verführt und weg von zermürbenden Arbeitsprozessen, die den Blick für den Zustand der Natur als auch für die eigenen Neigungen und Begabungen blind werden ließen. Mit jeder Fahrt auf die Alm festigte sich sein Entschluss. Und jeden Abend kehrte er gestärkt und glücklich zurück. Seine Familie beobachtete staunend die Veränderung. Sie, die gefürchtet hatte, den arbeitslosen Vater voll Niedergeschlagenheit zu erleben, fand ihn aufgeblüht, geradezu strotzend vor zuversichtlicher Laune.

Wieder unterwegs

Mit dem Ende des Sommers und der Fertigstellung der Hütte kehrten vorerst auch die Zwänge des Lebens zurück. Die Almen waren abgegrast, das Heidekraut verblüht und die Senner trieben die Tiere ins Tal. Aber Johann Grander fühlte sich bestens gerüstet, diesen Zwängen zu trotzen. Auf der Alm hatte er in jeder Hinsicht Kraft getankt. Eine unerklärliche, unwiderstehliche Zuversicht machte sich in ihm breit. Das Dasein war so oder so lebenswert. Als

Während seiner Zeit als Mitarbeiter der Firma Haase war Johann Grander selten zu Hause. Nicht nur die chronischen Knieschmerzen, auch die lange Abwesenheit von seiner Familie machten ihm zu schaffen. Auf dem linken Bild die kleine Stephanie mit ihrem Vater, auf dem rechten die Kinder Heribert und Heidi mit ihrem Freund Manfred.

ein Angebot kam, von neuem als LKW-Fahrer zu arbeiten, griff er zu. Seine Familie musste schließlich leben.

Johann Grander lieferte und installierte nun in ganz Österreich die damals neu aufgekommenen runden Betonöltanks, die direkt neben den Arbeits- und Wohnhäusern in den Boden eingegraben wurden. Sie sparten Tankraum und waren, da kein Metall verwendet wurde, nicht korrosionsanfällig. Grander lieferte mit dem LKW, machte mit dem Kran den Aushub und hob den Tank hinein. Während eines einzigen Sommers vergrub er achtzig solcher Betontanks in ganz Österreich, vom Flachland Niederösterreichs bis zur Bergstation der Komperdellalpe bei Serfaus.

Oft gab es unbekannte Hindernisse auf den Straßen wie zu niedrige Unterführungen, die ihn zu weiten Umwegen zwangen. Seine Gattin erzählte, dass er in dieser Zeit überhaupt am wenigsten zu Hause war und unkalkulierbare und unregelmäßige Arbeitszeiten hatte. Sie wundert sich heute noch, wie ihr Mann im damaligen Alter von 48 Jahren dieser enormen Belastung standhielt.

Johann Grander war oft bis zu 48 Stunden im Dauereinsatz, schlief unruhig in kalten Zimmern und stellte sich auf schnelle, ungesunde Mahlzeiten ein. Kam er zwischendurch nach Hause, blieb er seiner Familie dennoch fern. Er war zu müde. Immer öfter wurden ihm die endlosen Landstraßen zum Symbol gottverlassener Sinnlosigkeit. Die Erinnerung an die schöne Zeit auf der Alm, die er auch rückblickend als harmonischste Phase seines Lebens empfand und der er in der Einsamkeit seines Führerhauses nachtrauerte, nagte an seinem Gewissen. Er fühlte sich wie jemand, der nie wieder zur Flasche greifen wollte und doch wieder rückfällig wurde, obwohl ihm vor ihrem Inhalt geradezu ekelte. Wohin, um Gottes Willen, war er unterwegs? Gab es für ihn wirklich nichts anderes als dieses ständige Nachlaufen hinter Zielen des täglichen Lebens? Er hatte ein Haus gebaut, acht Kinder in die Welt gesetzt, von denen die größeren vier schon selbstständig waren, war dreizehn Jahre lang Lastkraftwagen gefahren, ein paar Jahre Politiker gewesen, hatte viel gesehen und ausreichend Geld verdient. Jetzt, Mitte vierzig, wurde der Abenteurer, der Entdecker, in ihm wach. Das Führerhaus seines LKWs, mit dem er immer auf eingefahrenen Bahnen blieb, wurde ihm zum Inbegriff selbstverschuldeten Gefangenseins. Das vertraute Bild der massigen und doch entrückten geheimnisvollen Berge hatte sich in seiner Seele und in seinen Gedanken festgesetzt. Er wusste, dass er sich aufmachen musste, sie warteten auf ihn – auf ihn, der nicht ihr Gegner, sie nicht bezwingen wollte, sondern sie verstehen und mit ihrer Botschaft leben wollte. Er hatte keine Zeit mehr zu verlieren. So gesehen, kam ihm das Schicksal zu Hilfe, als die Firma Haase, bei der er angestellt war, im Zuge einer Umstrukturierung verlangte, er solle den LKW selbstständig, also auf eigene Kosten betreiben. Diese Forderung war für Grander schließlich ausschlaggebend, sein Arbeitsverhältnis zu beenden.

Von der Straße in die Werkstätte

Die vielen und vor allem langen Autofahrten, die Johann für unzählige Stunden in eine starre Sitzschale zwängten, ließen sein altes Knieleiden wieder aufleben. Es wusste, dass das stundenlange Sitzen daran schuld war. Auch Inge fühlte sich nach der Geburt des achten Kindes schwach und litt an Rückenschmerzen, die von den Bandscheiben ausgingen und ihr das Leben vergällten. Wenn es so weiterging, waren Operationen nicht mehr zu vermeiden. In dieser Situation erinnerte sich Grander daran, dass er in einigen Büchern über die positive Wirkung von Behandlungen mit Reizstrom bzw. Magneten gelesen hatte. Diese Berichte waren ihm im Gedächtnis geblieben, da sein Vater ein vergleichbares Gerät zur Selbstbehandlung konstruiert hatte. Johann machte sich auf dem Dachboden auf die Suche. Er entdeckte tatsächlich einen Kasten, der sich – nach genauerem Hinsehen – als das von seinem Vater entworfene Gerät entpuppte. Fast ehrfürchtig trug er es in die Küche. Grander saß nun an vielen Abenden vor dem Apparat und versuchte, ihm und seiner Wirkungsweise auf die Schliche zu kommen. Er zerlegte und prüfte, baute zusammen und zerlegte neuerlich. Dabei lernte er erstmals Magnete und ihre Funktion kennen.

Vom Modell seines Vaters nicht ganz überzeugt, bastelte er an einer eigenen Variante. Er besorgte neues Material und probierte so lange herum, bis schließlich ein neues Gerät entstand. Mit diesem startete er nun Versuche, die seinen Wissensstand von Tag zu Tag verbesserten. Nachdem er einen neuen Prototyp vervollkommnet hatte, schritt Johann Grander zum Selbstversuch. Und tatsächlich: Die Schmerzen in den Knien verschwanden. Inges Beschwerden sollten seinen Erfolg bestätigen, er behandelte ihren Rücken – und die Schmerzen verschwanden ebenfalls. Grander war euphorisch; man hatte sich vorläufig eine Operation erspart. Inge gewann ihre vordem schon sehr eingeschränkte Beweglichkeit zurück und ließ sich sogar zu Ballspielen hinreißen, die sie in letzter Zeit aus Angst vor Schmerzattacken und der damit verbundenen Bewegungseinschränkung immer vermieden hatte.

Der Erfolg seines Gerätes beflügelte ihn. Die Arbeit daran, die Beschäftigung mit Reizstrom und Magneten hatten ihn fasziniert. Er war sich sicher, dies war das Gebiet, mit dem er sich künftig beschäftigen wollte. Es galt, keine Sekunde zu verlieren. Von einem Tag auf den anderen beendet Johann Grander sein Leben als LKW-Fahrer. Er blieb zu Hause und begann mit seinen Experimenten.

Quell allen Wissens

In Jochberg sorgte seine Entscheidung neuerlich für Aufsehen. Es war nicht üblich, dass ein Mann im besten Alter, der eine Familie zu versorgen hatte, einfach zu Hause blieb und keiner geregelten Erwerbstätigkeit nachging, sondern sich mit Unmengen von Büchern in eine Garage zurückzog. Aber der Ernst, mit dem Johann Grander seine Studien betrieb, beeindruckte. Aus dem Nachlass eines Jochberger Naturheilers hatte er günstig eine Bibliothek erworben und beschäftigte sich nun stundenlang mit seiner „Beute". Schon beim Schmökern hatte er erkannt, dass er erst ganze Geisteswelten und Denkstrukturen in sich aufnehmen musste. Johann Grander las zum ersten Mal in seinem Leben anspruchsvolle Texte und machte Bekanntschaft mit Paracelsus und der Farbenlehre von Goethe. Hatte er zuvor noch gezweifelt, ob es richtig sei, sich ganz aufs Denken zu verlegen, so fühlte er sich nun umso mehr bestätigt. Er war keineswegs der einzige, der nach geistiger Herausforderung strebte. Die Bücher eröffneten ihm wahrlich neue Dimensionen. Oft dachte er stundenlang über eine Textstelle nach, versuchte zu ergründen, was der Autor damit gemeint haben konnte und ob sich das Gefundene mit seinen Beobachtungen in Einklang bringen ließ. Unmerklich glitt Grander in eine spirituelle Welt hinein.

Überhaupt war der neue Zustand für Frau und Kinder, die staunend seine Entwicklung verfolgten, höchst gewöhnungsbedürftig. Welche Familie ist schon mit Meditationsübungen des Vaters konfrontiert, die zu völlig unbeweglichen, fast schon scheintoten Entspannungszuständen führen? Inge Grander musste feststellen, dass ihr Mann teilweise buchstäblich in einer anderen Welt lebte. Er konnte sich hundertprozentig auf sein Denken konzentrieren. Wenn er nicht gerade beim Lesen war, hing er seinen Überlegungen nach, betrachtete sinnend die Berge oder meditierte. Ständig versuchte er, Gelesenes auf seine Übereinstimmung mit natürlichen Erscheinungen zu überprüfen. Zwischendurch machte er Experimente mit dem Reizstromgerät. Manchmal sprach er wenig, war ruhig und in sich gekehrt, konnte für Stunden einfach nur daliegen, mit flacher Atmung, den Geist sichtlich hoch konzentriert. Wie schwerelos wirkte er dann, empfand seinen Körper als angenehm leicht und entwickelte eine eigene Technik, die ihm half, immer schneller in diesen Ruhezustand zu kommen. Weniger wohlwollende Beobachter hätten angenommen, er sei immer wieder launenhaft mürrisch und erhole sich davon beim Schlaf des Gerechten. Inge aber nahm seine Zustände ernst, wenngleich sie sich die Frage stellte, ob das alles noch normal wäre. Instinktiv erkannte sie, dass sich etwas ereignete, das mit gewöhnlichen Maßstäben und Vorstellungen nicht zu erfassen war. Sie war zwar nicht glücklich darüber, dass ihr Johann sich teilweise in eine andere Welt absonderte und viel Geld für die Anschaffung der teuren Magnete und Instrumente verwendet wurde, dennoch – irgendetwas tat sich da.

Johann faulenzte nicht, so viel war klar. Er arbeitete auf eine Weise, die ihr vordem noch nie begegnet war. Inge sah selbst, dass ihr nichts anderes übrig blieb, als darauf zu vertrauen, dass er schon wusste, was er tat. Inge versuchte zu sparen, soviel sie nur konnte. Das Essen kam aus dem eigenen Garten, die Familienbeihilfe verwendete sie zur Schuldentilgung. Die größeren Kinder gaben Kostgeld ab. Aber das Geld reichte nicht aus. Trotz der beiden Nachzügler Heribert und Stephanie überlegte Inge, wie sie Geld verdienen könnte und verlegte sich aufs Stricken. Es schien, dass diese Arbeit, die sie zu Hause erledigen konnte, am ehesten mit der Betreuung von zwei kleinen Kindern zu vereinbaren war. Diese Annahme erwies sich zwar als zutreffend, dafür stellte sich jedoch heraus, dass mit Stricken nichts zu verdienen war. Für das Ergebnis ihrer Mühe, eine aufwändig gestaltete Strickjacke, erhielt sie ganze fünf Mozartkugeln. Also musste sie sich nach einer anderen Geldquelle umsehen.

Experimente weisen den Weg

Johann Grander widmete sich nun ganz der Erforschung alltäglicher natürlicher Vorgänge. Er beobachtete den Verlauf und die Zyklen von Bächen und Quellen, verfolgte die Wachstumsphasen sensibler Pflanzen und begann, die Kraft des Mondes und der Natur zu erahnen.

Immer öfter hatte er Ideen für Experimente, die er mit einfachsten Mitteln durchführte. An ein Labor, wie er es sich gewünscht hätte, war nicht zu denken, das Geld reichte gerade für einen anständigen Unterhalt seiner Familie. So funktionierte er die Garage des Wohnhauses zur Werkstätte und Experimentierstube um. E saß in seinem Forscherkämmerchen und dachte nach. Er hatte ein klares Ziel. Irgendwie bestand für ihn unbewusst ein Plan. Er bekam auch immer die entsprechende Hilfe, immer genau das, was er brauchte. So hat z. B. der Direktor und der Betriebselektriker der Bischofshofener Firma *Liebherr* das damals noch teure Laserschneiden und Bohren von bestimmten Teilen veranlasst. Ebenso erhielt er zu anderer Zeit Unterstützung von der Firma Swarovski – genau zum richtigen Zeitpunkt liehen sie ihm die speziell nötigen Messgeräte, die zu diesem Zeitpunkt für Johann Grander unerschwinglich gewesen sind.

Er hatte es sich in den Kopf gesetzt, einen Motor zu konstruieren, der keinen herkömmlichen Treibstoff benötigte bzw. einen Magnetmotor, durch den es keine Stromunfälle mehr geben konnte. Grander betrachtete seine Tätigkeit als Auftrag von oben. Es war für ihn klar, dass alles einen Sinn, ein Ziel, ein Ergebnis haben werde. Er hatte niemals Zweifel, etwas Sinnloses zu tun, und deshalb auch keinerlei Existenzängste.

Nur ein einziges Mal gab es für Johann Grander einen kurzen Moment des Zweifels: Nach einem Stromschlag überlegte er sich kurz, mit seinen Experimenten aufzuhören. Danach versetzte er sich in Meditation, während dieser er den Hinweis erhielt, alles abzubauen und neu zu machen. – Und so funktionierte es dann auch. Seitdem gab es keinen Moment des Zweifels oder Zögerns mehr.

Bemerkenswert war, wie seine Gattin und die Kinder auf die doch ziemlich einzigartige Situation reagierten. Es gab keine familieninterne Kritik an der Tätigkeit des Vaters – irgendwie schienen alle zu wissen, dass es ein Ziel gab. Alle halfen zusammen, und Inge und die älteren Kinder trugen zum Unterhalt der Familie bei. Besonders erstaunlich war das große Vertrauen seiner Frau, die den neugierigen Dorfbewohnern immer wieder erklärte, ihr Ehemann wisse schon, was er tue. Die Familie Grander wurde wieder einmal allseits bestaunt. Grander selbst hatte ja häufig für Überraschungen gesorgt; sein Arbeitseifer, seine Zähigkeit, seine ungewöhnliche Wissbegierde und sein Einfallsreichtum waren bekannt, aber er war doch immer irgendwie auf jenem Boden geblieben, der allen zur Verfügung stand. Jetzt hingegen entwickelte er sich zunehmend zum Spinner, den man überhaupt nicht mehr einordnen konnte. War er ein Daniel Düsentrieb oder ein bislang verkanntes Genie? Würde am Ende des Spinnvorganges ein haltbares Garn entstanden sein oder ein unentwirrbares Knäuel von Kraft-, Zeit- und Geldverschwendung? Waren Frau und Kinder zu bedauern, weil er sich auf einem egoistischen, lächerlichen Holzweg befand, oder waren sie zu beneiden, weil sie einen außergewöhnlichen Menschen zum Ehemann und Vater hatten, der auch Außergewöhnliches leistete? Diese Fragen blieben offen. Nur für die beiden kleinsten Kinder Heribert und Stephanie war seine Forschungstätigkeit alltäglich. Sie kannten es nicht anders. So oft sie konnten, beobachteten sie seine Experimente. Um ihnen die Kraft des Mondes zu zeigen, stellte der Vater in einer Vollmondnacht zwei mit Wasser gefüllte Gläser auf den Balkon. Ein Glas wurde dem Mond voll ausgesetzt, das andere seitlich mit einem Karton bedeckt und bei beiden der Wasserstand markiert. Die Kinder stellten aufgeregt Vermutungen an, was in der Nacht passieren werde. Am nächsten Morgen stellten sie fest, dass im nicht abgeschirmten Glas wesentlich mehr Wasser fehlte als im anderen. Es musste also doch der Mond gewesen sein, der das Wasser geholt hatte – der Mond, der, nach gängiger Meinung, auch die Gezeiten, den Wechsel von Ebbe und Flut verantwortet. Johann Grander ist jedoch der Ansicht, dass die Gezeiten durch rhythmische Bewegungen der Erde verursacht werden.

Einmal stellte Grander zwei mit Wasser gefüllte Gläser auf den Tisch. Nachdem die Kinder die Gläser besichtigt, von beiden gekostet und bestätigt hatten, dass es sich ihrem Eindruck nach um dasselbe Wasser handelte, das auf die Gläser aufgeteilt worden war, bedeckte der Vater nacheinander die Gläser mit seinen Händen, eines mit der rechten Hand oben und mit der linken unten, das andere umgekehrt. Er richtete seine gesamte konzentrierte Energie auf die bedeckten Gläser. Das eine Wasser schmeckte prickelnd, das andere lau. Eine derartige Aufladung hält erfahrungsgemäß maximal vierundzwanzig Stunden an. Im Prinzip kann sie jeder Mensch durchführen, der Erfolg fällt aber je nach Person unterschiedlich aus. Es handelt sich bei diesem Phänomen um eine ganz normale Eigenschaft des Wassers und hat mit der Grander'schen Wasserbelebung, die ja auf einem technischen Verfahren beruht, nichts zu tun.

Diese Versuche waren nur einige von vielen, mit denen Johann Grander über die Eigenschaften des Wassers lernte und die seinen Entwicklungsweg begleiteten.

Johann Grander beschäftigt sich auch mit den möglichen energetischen Auswirkungen des Mondes auf unseren Planeten.

Johann Grander stellte seine erste bedeutende Erfindung, den Magnetroller, auf der österreichischen Erfindermesse in Wien einem begeisterten Publikum vor.

Ein Foto aus den Anfängen: Johann Grander baut gemeinsam mit einem Bekannten den Magnetroller 701 zusammen.

Erfolg auf der Erfindermesse

Die Jahre vergingen, und Johann Grander wurde bei seinen Versuchen rund um die Konstruktion neuer Motoren immer selbstsicherer. Vor allem das von seinem Vater erdachte Gerät zur Bekämpfung von Rücken- und Gelenkschmerzen hatte er in allen Einzelheiten verfeinert und in seiner Funktionsweise weitgehend perfektioniert. Dabei spielte die Wirkung der Magnete, die er in jedem Detail studiert hatte, eine entscheidende Rolle. Nun prangte, man schrieb das Jahr 1979, auf dem Tisch in seiner Garage endlich der Magnetroller mit Gehäuse. Grander entschloss sich, die Probe aufs Exempel zu wagen und seine Erfindung der Öffentlichkeit vorzustellen: Er meldete sich und sein Therapiegerät zu der in Wien stattfindenden österreichischen Erfindermesse an. Gespannt, was ihn erwarten würde, reiste er in Begleitung seines Sohnes Hans an. Waren seine Hoffnungen auch groß, so waren seine Erwartungen doch realistisch bescheiden. Am Ende allerdings wurden nicht nur seine Erwartungen, sondern auch seine Hoffnungen weit übertroffen. Johann Granders Messestand, den er mit viel Geschick und werbewirksamen Ideen zum Anziehungspunkt herausgeputzt hatte, wurde regelrecht gestürmt. Rund 8000 Menschen besuchten ihn und wollten mehr über den Magnetroller in Erfahrung bringen. Grander erklärte und zeigte und zeigte und erklärte von früh bis spät. Aber nicht nur der einfache Besucher war fasziniert, Granders Leistung überzeugte auch die Fachleute des Erfinderverbandes. Unter dem Vorsitz des damaligen Chefs der Bundeswirtschaftskammer, Rudolf Sallinger, und in Anwesenheit einiger Minister sowie des Präsidenten des Patentamtes erhielt Johann Grander am 14. September 1979 im Rahmen eines Festaktes für seine bahnbrechende, originelle Arbeit die Goldmedaille des Erfinderfachverbandes verliehen. In der Belobigung wurde hervorgehoben, dass Johann Grander ein vernünftiges, nebenwirkungsfreies, für die Selbsthilfe zu Hause geeignetes Therapiegerät zur Behandlung vieler Zivilisationskrankheiten erfunden hatte. Es bekämpfte vor allem Muskel- und Gelenkschmerzen nachhaltig und trug damit zur Hebung des Allgemeinbefindens bei. Das solcherart ausgezeichnete Gerät erregte nach Abschluss der Messeveranstaltung weiterhin reges öffentliches Interesse. Schmerzgeplagte Einzelpersonen und Betreuer besonders gefährdeter Gruppen, etwa der Schifahrer und Schispringer, darunter Toni Innauer und Alois Lipburger, probierten den Apparat und attestierten ihm ausschließlich positive Wirkung. Derart gestärkt, fasste Grander den Mut, seine Erfindung auch in Deutschland zu präsentieren und fuhr zur Erfindermesse nach Nürnberg. Als sich dort das Interesse und die Begeisterung der Messebesucher wiederholten, gab es für ihn keinen

Zweifel mehr: Die ihm zuteil gewordene Führung von oben war keine Einbildung. Sie hatte ihn richtig geleitet.

Firmengründung

Johann Grander dachte erstmals in seinem Leben daran, sich mit seinen Erfindungen selbstständig zu machen. Ohne Kapital, aber dafür mit viel Motivation und Liebe zu seiner Arbeit gründete er die Firma *IFAM*. Er hatte vor, weiter zu forschen, sein Therapiegerät wenn möglich noch zu verbessern und neue Motoren zu entwickeln. Um den Verkauf und die Vermarktung seiner Produkte wollte er sich nicht kümmern. Dafür gab es Spezialisten, seine eigentliche Arbeit hingegen konnte kein anderer übernehmen.

Es zeigte sich bald, dass es nur zu viele Firmen und Personen gab, die im Kielwasser seines Erfolges mitschwimmen und den zu erwartenden Profit absahnen wollten, ohne eigene Leistung zu erbringen. Es gab herbe Enttäuschungen, die ihn am Gedeihen seines Unternehmens zweifeln ließen. Aber es kam auch Hilfe und Unterstützung von Personen und Institutionen, mit denen er nicht im Geringsten gerechnet hatte. Grander musste die Erfahrung machen, dass zwischen einer Erfindung an sich und derer erfolgreicher wirtschaftlicher Umsetzung ein großer Unterschied besteht. Trotzdem ließ er sich nicht beirren und ging seinen Weg weiter, der ihn über die Magnete, die ihn nach wie vor faszinierten, zum nächsten Bereich zu führen schien.

Wasser, das Element der Zukunft

Während die Bevölkerung über seine Person und Experimente unterschiedlicher Meinung war, ging Johann Grander daran, seine Garage in zwei getrennte Bereiche zu gliedern, um sie übersichtlicher zu gestalten. In der einen Hälfte baute er die für den Verkauf bestimmten Geräte zusammen, in der anderen beschäftigte er sich mit seinen Versuchen. Schon früh am Morgen, immer in Latzhose und kariertem Hemd, eilte er zu seiner Arbeitsstätte, die mittlerweile doch eine laborartige Gestalt angenommen hatte. Die starke Lampe, die direkt über dem Tisch hing, verriet, dass Grander zumeist bis in die Nacht hinein arbeitete. Fühlte er sich einem Ergebnis nahe, war jede Müdigkeit, jeder Hunger wie weggeblasen, nichts hätte ihn aus seinem Forscherkämmerchen gebracht. Ließ ein Ergebnis auf sich warten, setzte Johann Grander sich auf die Steine, mit denen er sich verbunden fühlte, und beobachtete das Wasser. Nach wie vor bemühte er sich, die Sprache des Wassers zu verstehen. Seine Sprudel und Wirbel, Strömungen und Ruhephasen, seine stets wechselnde Farbe und Konsistenz, von glasklar glitzernd bis zu bräunlich trübe, hatten jeweils eine bestimmte Ursache und Bedeutung, das war gewiss. Neigte eine Arbeit sich dem Ende zu, bedankte er sich für die Inspiration und Erholung, die er erfahren hatte. In diesen Momenten der Ruhe fühlte er sich mit der ihn führenden Allmacht so innig und liebevoll verbunden wie ein Kleinkind mit seinen Eltern. Johann Grander bemühte sich unverdrossen, den Magneten ihre Geheimnisse zu entlocken. Seine bisherigen Versuche hatten gezeigt, dass sie in dem von ihm entwickelten Reizstrom-Therapiegerät eine wichtige Rolle spielten. Nun wollte er wissen, welche Wirkungen noch auf die Kraft der Magnete zurückzuführen seien. Die Magnete selbst ließen sich aus den unterschiedlichsten Materialien zusammenstellen und besaßen dementsprechend unterschiedliche Kräfte. Eine Eigenschaft, die alle gemeinsam hatten, war, dass ihre Kraft mit steigender Belastung nicht nachließ, sondern zunahm. Darin schienen sie den Menschen gleich zu sein. Auch beim Menschen ist festzustellen, dass die Kräfte schwinden, wenn sie nicht gebraucht oder ständig geschont werden. Bei beginnender Anspannung ihrerseits wachsen sie und machen den Organismus leistungsfähiger, ähnlich dem denkenden Menschen, dessen Leistung sich auch mit der Nutzung steigert.

Lehrmeister Natur

Bei seinen Experimenten in der Garage verwendete Johann Grander verschiedenste Stoffe. Die meisten waren naturbelassen. Ihren Kräften und deren Verhalten beim Zusammentreffen mit anderen Kräften galt sein ganz besonderes Interesse. In erweiterten Versuchen verband er sie miteinander und versuchte dann, aus den messbar unterschiedlichen Reaktionen Gesetzmäßigkeiten abzulesen, um diese später sinnvoll einzusetzen.

Für Johann Grander enthält alles den göttlichen Geistesfunken – mit unterschiedlichem Grad der Freiheit – vom Mineralreich über das Pflanzenreich über das Tierreich bis zur Menschheit. Die Menschen sind die einzigen Lebewesen auf Erden mit einem freien Willen. Die Allmacht, nach deren Plan das Universum existiert, hatte die Dinge und ihre Beziehungen so genial geordnet und aufeinander abgestimmt, dass die ständigen Versuche der Menschheit, sie zu verbessern oder zu umgehen, nichts als Konfusion und Ungleichgewicht hervorbrachten. Wohin diese Stümperei führte, ist heute nicht mehr zu übersehen. Je mehr die Menschen, und hier vor allem ihre selbsternannten „Hohepriester" jedweder Spielart, dachten, die Bedingungen zu ihren vermeintlichen Gunsten beeinflussen zu können, desto jämmerlicher wurde der Anblick der Erde insgesamt. Johann Grander betrachtete die Vorstellung, dass die Lebensabläufe bzw. die sie bestimmenden Vorgaben nach menschlicher Lust und Laune verändert werden konnten, als geradezu lächerlich. In der Schöpfung war nichts dem Zufall überlassen; abwegig daher auch der Gedanke, unser Universum sei durch einen Urknall entstanden und die Erde mitsamt ihren Erscheinungen nichts als das Zufallsprodukt einer Explosion. Diese These fand er typisch für die mit zunehmendem Alter immer kindischer werdende, in Lärm und Zerstörung verliebte Spezies Mensch, die die Welt so gerne umgestalten würde.

Die Welt und mit ihr alles, was da kreucht und fleucht, befand sich auf dem ihr zugeteilten Platz und entwickelte sich in der ihr vorgegebenen Richtung. War der Mensch bereit, die Gesetze der Schöpfung zu suchen und nach ihnen zu leben, würde alles gut werden; glaubte er hingegen, sich die Schöpfung untertan machen zu können, ihr gewissermaßen ins Handwerk pfuschen zu können, war ein schreckliches Ende unausweichlich. Die Menschen sind die einzigen Lebewesen mit einem freien Willen, sie sollten sich dessen bewusst sein, da sie auch die Konsequenzen ihres Handelns erfahren müssen, als einzelne und als Kollektiv.

Die Menschen waren offenbar nicht imstande zu begreifen, dass die gleiche Respektlosigkeit, die sie den Gesetzen der Natur und des Lebens entgegenbrachten, auch ihre eigenen Gesetze beeinträchtigen musste. So viel hatten sie ja immerhin verstanden: Ohne Regeln ging es nicht! Die Menschheit war – ganz im Gegenteil – von einer wahren Regelwut erfasst, die nicht einmal vor kleinsten Kleinigkeiten Halt machte und beredtes Zeugnis von dem Ausmaß ablegte, in dem sie sich von den Naturgesetzen entfernt hatte. Warum aber sollten die Menschen ihre ei-

Für Johann Grander enthält alles den göttlichen Geistesfunken, vom Mineralreich über die Tier- und Pflanzenwelt bis hin zur Menschheit.

genen Gesetze mehr ehren als die der Schöpfung? Je menschlicher und damit beliebiger ein Gesetz war, umso leichter konnte es der einzelne in Frage stellen, konnte annehmen, dass es für ihn persönlich nur dann Geltung habe, wenn er dumm genug war, sich bei einer Übertretung ertappen zu lassen.

Offenbar stand die Menge der menschlichen Gesetze im umgekehrten Verhältnis sowohl zu ihrer Qualität als auch zu dem ihnen entgegengebrachten Respekt. Wenn indes sogar die Menschen erkannten, dass es Regeln geben und dass sie befolgt werden mussten, damit nicht alles drunter und drüber ging, dann sollte es die Schöpfung doch umso besser wissen. Und im Gegensatz zu den Menschen hatte sie Mittel und Wege, sich diesen Respekt zu verschaffen.

Für Johann Grander war es unvorstellbar, dass der Allmächtige seine Schöpfung dem kleinen menschlichen Verstand und kurzsichtigen Gerechtigkeitssinn überlassen würde. Dieser Gerechtigkeitssinn war ja ein Kapitel für sich. Es war erschreckend anzusehen, wie die Menschheit krampfhaft versuchte, ihm einen Inhalt zu geben, über den sie sich schon deshalb nie einigen konnte, weil er beliebig wurde, sobald er Sinn und Zweck hatte, die naturgegebene Gerechtigkeit zu ersetzen. Wer nicht begriff, dass die Welt genau so sein musste, wie sie war, weil sie ihren eigenen ewigen Gesetzen entsprach, wer also glaubte, sie „umerziehen“ zu können, hatte den heiligen Begriff des Gesetzes nicht verstanden. Ein Gesetz, das nicht ewig und unantastbar war, war nichts wert. Und so lange die Menschen nicht nach den ewigen Gesetzen der Schöpfung suchten, würden ihre Leistungen auf jedem Gebiet immer nur relatives, anmaßendes Stückwerk bleiben.

Die intensive Beschäftigung mit der Natur und die Beobachtung ihrer perfekten Abläufe hatten Johann Grander die Gewissheit verschafft, dass die respektvolle, selbstständige Suche nach ihren Gesetzen sein Lebens- und Daseinszweck war. Der Kampf um Geld, Ruhm oder Macht war ein zu geringes Ziel, um sich damit weiterhin abzugeben. Grander wollte das Talent, das er von der Schöpfung bekommen hatte, keinesfalls missbrauchen, sondern bestmöglich zum Wohl der Natur und damit der Menschheit nützen. Und er wollte den besten Lehrmeister haben, den es geben konnte – die Natur selbst.

Philosophische Betrachtungen

Zu den großen, den Planeten und seine Bewohner immer mehr bedrohenden Fehlentwicklungen, die es zu korrigieren galt, zählte Johann Grander das maßlose Bedürfnis der Menschen nach Treibstoff jedweder Art. Während Tiere und Pflanzen mit dem vom Kreislauf der Natur für ihre Lebensvorgänge bereitgehaltenen, sich ständig erneuernden Vorrat an Energie auskommen mussten und dementsprechend sparsam damit umgingen, konnten die Menschen ihre natürlichen Ressourcen ausweiten. Die Natur kennt daher auch keine Abfälle, alles wird zu hundert Prozent wiederverwendet in einem ewigen Kreislauf. Die Menschen hingegen glaubten sich plötzlich in der Lage, natürliche Lebensabläufe durch künstliche ersetzen zu können und dadurch Eigenenergie zu sparen. Allerdings entging ihnen, dass das Brachliegen von Eigenenergie nicht zu größerer Muße, sondern eher zu vermehrter Aggressivität zu führen schien.

Begonnen hatte alles mit der Fähigkeit, Feuer zu erzeugen und zu bewahren. Der erste richtige Treibstoff aber wurde das Geld, sobald sich herausstellte, dass diese Erfindung die Fähigkeit hatte, virtuelle Junge zu bekommen. Natürlich meint auch Johann Grander, dass Geld an sich nicht schlecht ist, aber es hängt immer davon ab, wie man damit umgeht. Das Hauptproblem ist Gier und Respektlosigkeit gebenüber der göttlichen Schöpfung, den Menschen und Gott selbst. Geld braucht man auf dieser materiellen Welt, sonst kann man nichts oder nur wenig bewirken, aber es kommt auf die Beweggründe an, was damit gemacht wird, und hier sollte das Helfen im Vordergrund stehen.

Den Menschen war durchaus bewusst, dass dies nicht mit rechten Dingen zuging. Sie reagierten einerseits mit Zinsverboten, andererseits aber mit dem „Fachgebiet" der Alchemie, das den Zweck hatte, aus unedlen Rohstoffen Gold zu machen. So richtig Gestalt nahmen die Dinge erst an, als die Alchemie durch die Erfindung des Papiergeldes überflüssig wurde. Dieses Treibmittel beruhte auf der Idee, den aktuellen Bedarf an künstlicher Energie in Form von Schuldverschreibungen zum Problem der Zukunft und damit künftiger Generationen zu machen. Damit war ein Fass ohne Boden geöffnet, dessen Schlund alles ansaugte, was sein Ersatzleben aufrecht hielt und sein Wachstum garantierte. Der unheimliche Treibstoff Geld riss die Macht an sich und verwandelte die Menschen in ratternde Motoren, die nach allen Arten von künstlicher Energie gierten.

Mittlerweile war die Menschheit, die gar nicht merkte, dass sie längst im Leerlauf rannte, damit beschäftigt, den Planeten Erde ihrer immer größer werdenden Sucht nach Ersatzenergie zu opfern. Man holte nicht nur den in Kohle, Erdöl und Erdgas gebundenen Kohlenstoff aus dem Boden und setzte ihn frei, man schlug sich auch wegen des „schwarzen Goldes". Die Kriege des 20. Jahrhunderts legen Zeugnis davon ab. Trauriger Höhepunkt dieser Entwicklung war und ist der Einsatz von Atomkraft. Johann Grander ist überzeugt davon, dass der Schöpfer bei dieser Art von Zerstörung nicht mehr lange zusehen wird.

Dialog mit dem Wasser

Johann Grander war nicht gewillt, diese Entgleisungen als unabänderlich hinzunehmen. Er wusste zwar, dass es keinen Weg zurück gab und seine Philosophie des Verzichts keine Chance haben würde, aber er wollte nicht glauben, dass die überlebensnotwendige Flucht nach vorne nur in der resignativen Auslieferung an die bisherigen Treibmittel stattfinden könne. Er erinnerte sich an seinen Traum, einen Generator zu konstruieren, der mit Magnetkraft angetrieben werden konnte.

Grander bemerkte, dass viele Stoffe, vor allem Mineralien, magnetische oder magnetähnliche Eigenschaften besitzen, die nicht mit den herkömmlichen Magneten gleichzusetzen sind. Welcher Stoff aber war es, mit dessen Hilfe diese Kraft bereit sein würde, einen Motor anzutreiben?

Wieder einmal verspürte Johann Grander das dringende Bedürfnis nach innerer Einkehr. Er saß entweder meditierend auf dem Balkon seines Hauses oder ging die paar Schritte hinunter zum Bach, um dem Wasser zu lauschen. Das Wasser sprudelte und wirbelte, glitzerte und schäumte, als wollte es sagen: Nimm doch mich! Endlich hatte er verstanden, was dieses Element ihm seit langem mitzuteilen versuchte.

Johann Grander eilte zurück in sein Forscherkämmerchen und stürzte sich in die Arbeit. Seine Experimente lockten auch diesmal jede Menge Zaungäste in Gestalt von Schülern und Studenten an, mit denen er stundenlang über seine Naturphilosophien diskutierte. Aber er lernte auch von ihnen, profitierte von ihrem Schulwissen, das ihm, der ja nur sieben Jahre lang die Volksschule besucht hatte, versagt geblieben war. Seine Jünger wiederum fragten, diskutierten, gaben Hinweise, erklärten und waren mit Leib und Seele dabei. Seine Offenheit für Anregungen und ihr freudiger Eifer wirkten wechselseitig inspirierend. Auch sein Sohn Hans konnte sich der Faszination der von seinem Vater ausgehenden Arbeits- und Forschungslust nicht entziehen. Gleich nach der Schule stürmte er in die Garage, um ihm zur Hand zu gehen. Oft arbeiteten sie stundenlang an einem Experiment, versuchten, sich gegenseitig die auftretenden Effekte zu erklären und die Dinge voranzutreiben.

Ein neuer Motor wird gebaut

Grander hatte beobachtet, dass unterschiedlich legierte, in einer bestimmten Weise angeordnete Magnete sich selbst stimulieren. Es lag also auf der Hand, dass hier der Schlüssel zu seinem Motor liegen musste. Grander machte sich an den Zusammenbau, der sich jedoch als nicht so einfach erwies. Da Grander über keine technische Ausbildung verfügte, glich seine Vorgansweise eher dem Zusammensetzen eines Puzzlespiels, bei dem er Teile austauschte, neue einbaute und so lange daran arbeitete, bis er mit dem Ergebnis zufrieden war. Zu Hilfe kam ihm dabei seine Eingebung, der er immer folgte, auch wenn er nicht genau sagen

Die Natur war für Johann Grander immer der einzige Lehrmeister, dem er vertraute. Vor allem im Kreislauf des Wassers vermutete er die Gesetzmäßigkeiten, nach denen er suchte.

konnte, wohin sie ihn führen würde.

Nach vielen Versuchen, dem Einsatz anderer Materialien und unterschiedlichen Arten des Zusammenbaus kam endlich der Zeitpunkt, den Generator einzuschalten. Grander legte den Hebel um. Der Schreck war groß, als der Motor tatsächlich zu surren begann. Weder Vater noch Sohn wagten zu glauben, dass er funktionieren würde. Und doch funktionierte er. Eine Welle der Dankbarkeit, vermischt mit Euphorie, erfasste sie. Wie in Trance maßen sie die Leistung und sahen verzückt das eindeutige Ergebnis. Dieser Generator, dessen Betrieb auf einem noch nie dagewesenen Prinzip beruhte, lieferte eine hohe Leistung. Die beiden konnten ihr Glück weder fassen noch das Ausmaß der Entdeckung erahnen.

Im Kampf mit der Ungläubigkeit

Die Kunde von Johann Granders wundersamer neuester Erfindung machte bald die Runde. Die Reaktionen, die sie bei Laien und Experten hervorrief, waren allerdings zwiespältig. Sprachen die einen von einer Sensation, sahen die anderen nur Humbug und Scharlatanerie. Grander ließ sich nicht beirren. Er wusste, dass ihm eine großartige Entdeckung gelungen war, die es in dieser Form bisher nicht gegeben hatte. Die rege öffentliche Neugierde bestätigte ihn. Jeden Tag standen einflussreiche Personen aus Wirtschaft, Politik und Technik vor der Tür. Alle wollten wenigstens einen Blick auf das neu erfundene Gerät werfen; darunter leitende Ingenieure von so namhaften Betrieben wie *Siemens* und *VW*. Dass es einen Motor geben soll, der ohne fassbaren Treibstoff funktionierte, weckte natürlich höchstes Interesse. Der Generator lief, das war nicht zu übersehen. Unklar blieb aber, wie und warum. Johann Granders Erklärung, dass er „einfach ein Naturgesetz" nachvollzogen habe, befriedigte die Fachleute nicht. Sie wollten nichts über das schwammig scheinende, für sie zu weit gefasste Prinzip, sondern alles über die naturwissenschaftlich wäg- und messbaren Details seiner Umsetzung hören. Diese mit viel Gerede, Gerüchten und Falschmeldungen einhergehenden Erfahrungen veranlassten Grander, eine Patentierung seiner Erfindung zu beantragen, was ihn zwar sehr viel Geld kostete, die gewünschte Anerkennung wurde aber abgelehnt. Aber auch dieser Rückschlag konnte ihn nicht wirklich beirren oder gar bremsen. Er selbst wusste schließlich ganz genau, dass sein Gerät funktionierte und weshalb es funktionierte.

Wasserspiele

Die Bezeichnung „Zufall" hört Johann Grander nur ungern, denn diese Deutung widersprach seiner Auffassung von der Struktur der Schöpfung. Auf eine Erscheinung, die ihm bei seiner weiteren Experimentiertätigkeit widerfuhr, schien sie dennoch perfekt zu passen. Unbeeinflusst von der

Die ehemalige Garage wurde von Johann Grander im Lauf der Zeit zu einer Art Labor umfunktioniert, in dem er unbeirrt zahlreiche Experimente durchführte.

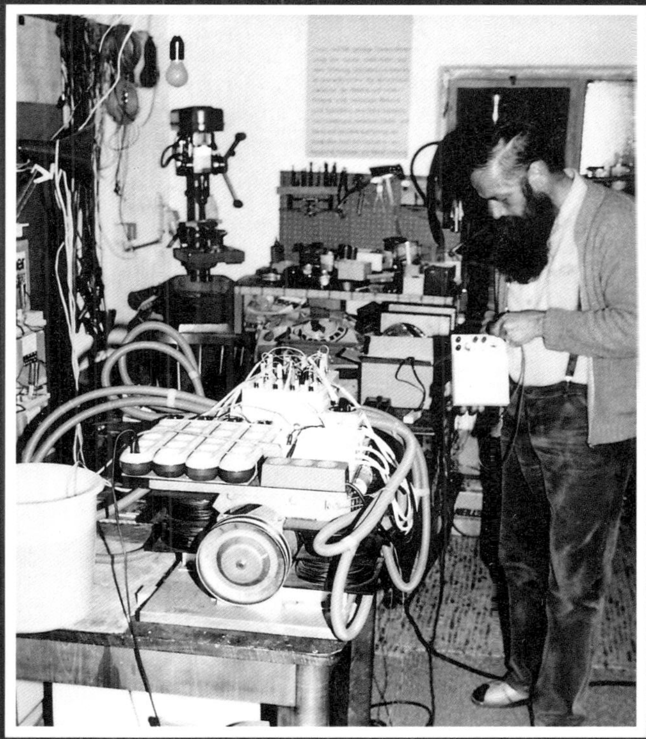

Ein Foto, das die Unterwasserversuche mit Motoren dokumentiert. Das verbrauchte Wasser wurde in Eimer abgepumpt.

allgemeinen Skepsis hatte er seine Versuche mit dem neuen Motor fortgesetzt. Es lag ihm vor allem daran, die Unschädlichkeit der von ihm produzierten Energie zu beweisen. Zu diesem Zweck versenkte er alte Elektrogeräte in einer mit Wasser gefüllten Badewanne und setzte sie mit seinem Generator in Betrieb. Einer der Eimer mit schon verwendetem Wasser schien die Katze der Familie Grander geradezu magisch anzuziehen. Die Katze, die immer genügend frisches Wasser zur Verfügung hatte, stellte sich auf die Hinterbeine und mühte sich ab, an das stark verunreinigte Wasser heranzukommen und schaffte es tatsächlich. Sie begann mit Hingabe zu trinken. Nachdem Grander das Verhalten der Katze beobachtet hatte, wusste er, dass er sich dieses Wasser genauer ansehen musste. Die Energie-Übertragung hatte nichts mit dem Generator zu tun, der im Wasser lief, die Übertragung geschah kontaktlos durch eine besondere Vorrichtung – Anordnung und Qualitäten der unterschiedlichen Wasser entstanden nicht durch unterschiedliche Frequenzen, sondern gleichzeitig.

Um Genaueres sagen zu können, borgte er sich ein hochwertiges, 10.000fache Vergrößerungen ermöglichendes Gerät aus und stellte in der Folge fest, dass nur das von seinem Generator in Schwingungen versetzte Wasser eine immense Anzahl von Körperchen aufwies, für die er keinen Namen fand, weil sie – wie er später erfuhr – noch niemandem aufgefallen waren. Erst zu Beginn der Neunzigerjahre, als Johann Granders Reizstromtherapiegerät und sein *ECO-Kat* für LKWs und Motorräder längst regelmäßig produziert wurden, gab der renommierte Wasserforscher Dr. Peter Kokoschninegg diesen Lebewesen den Namen „Bionen“. Dieser Begriff ist nicht identisch mit dem Bionen-Begriff von Wilhelm Reich und auch nicht mit dem, den moderne Wissenschafter verwenden.

Bestätigung in der Praxis

Johann Grander untersuchte weiterhin alle Arten von Wasser, das er aus aller Welt bekam. Währenddessen experimentierten die Anwender, die sich schnell eingefunden hatten, mit ihren Pflanzen und Tieren und berichteten darüber. Auch bei diesen Selbstversuchen stellten sich verblüffende Ergebnisse wie beschleunigtes Wachstum und größere Widerstandsfähigkeit ein.

Als Granders Beobachtungen bekannt wurden, verbreitete sich unter seinen Freunden, Anhängern und Besuchern die Ansicht, dass etwas, was die Tiere als wohltuend empfänden, auch dem Menschen gut tun müsse. Viele, die unter unklaren Beschwerden litten, für die die Ärzte keine zielführende Therapie und zum Teil nicht einmal einen Namen hatten, kamen auf die Idee, ihrerseits dieses Wasser auszuprobieren. Sollte es nichts nützen, so würde es immerhin nicht schaden.

Einen eindeutigeren Beweis für die Qualität des belebten Wassers kann es gar nicht geben: Tiere wissen instinktiv, was ihnen gut tut.

Es entstand ein Art kleine Experimentierkultur. Die positiven Rückmeldungen häuften sich. Über ihre Patienten erfuhren wiederum deren Ärzte von der Existenz und den Auswirkungen des belebten Grander-Wassers. Besonders Homöopathen und Heilpraktiker (zur ersten größeren Gruppe der Wasseranwender gehörten Bachblütenanwender und Anwender der Lichttherapie und Akupunktur, die – speziell, wenn Patienten darauf nicht ansprachen –, sie eine Woche lang Grander-Wasser trinken ließen und damit positive Ergebnisse erzielten) waren bereit, sich gleichfalls dafür zu interessieren und es probeweise einzusetzen.

Grander stellte die These auf, dass Wasser, das Mensch, Tier und Pflanzen gut tat, auch auf Maschinen und Rohrsysteme positive Auswirkungen haben könnte. Und tatsächlich, die ersten Anwender berichteten, dass ihr finanzieller Aufwand für Wartung und Reinigung diverser Geräte drastisch gesunken sei. Damit war erstmals ein Parameter erfüllt worden, der später in der Wirtschaft zu einem wichtigen Argument wurde, nämlich, dass unter dem Strich die Betriebe nichts für den Einsatz des später entwickelten Wasserbelebers bezahlten, sondern ihren Gewinn durch Einsparung von Chemikalien und Wartungsarbeiten merklich erhöhen und damit auch noch zur Schonung der Umwelt beitragen konnten. Warum und wie das von Johann Grander nunmehr „belebte“ Wasser genannte Medium bei ihnen wirkte, ließ und lässt sich bis heute nicht mit Sicherheit sagen. Sicher ist nur, dass es in vielen Fällen und oft auf verblüffende Weise wirkt. Der russische Wasserexperte Professor Juri Rachmanin brachte es auf den Punkt: „Das Ergebnis unserer jahrelangen Versuchsreihen ergab, dass das Grander-Wasser biologisch aktivierend auf Pflanzen, Menschen und Tiere wirkt.“ Das belebte Wasser ist jedenfalls nicht das einzige Mittel, das wirkt, ohne dass jemand genau erklären oder gar „wissenschaftlich“ nachweisen könnte, warum und weshalb.

Der ECO-Kat

Johann Grander hatte einen neuen Plan. Er wollte an einem Katalysator, *ECO-Kat* genannt, arbeiten, der für bessere Verbrennung und damit geringeren Russausstoß sorgen sollte. Grander wollte immer schon etwas zur Verbesserung der Luftqualität beitragen. Sein Katalysator konnte sowohl in den Kraftstoffzuleitungen von Mopeds und Personen- und Lastkraftwagen als auch bei Ölheizungen eingesetzt werden. Die Zeit dafür war günstig: Zu Beginn der achtziger Jahre wurden Abgasmessungen standardmäßig durchgeführt, und die neue Erfindung von Johann Grander sprach sich schnell herum. Viele Autofahrer, die es ganz genau wissen wollten, ließen ihre Abgaswerte bei einem Autofahrerclub in Kitzbühel bestimmen, danach den *ECO-Kat* einbauen, um anschließend wiederum beim ÖAMTC die neuen Werte feststellen zu lassen. Als ein mobiler ÖAMTC-Infobus für einige Tage nach Jochberg kam, um Messungen durchzuführen, waren die auswärtigen Tester über die unüblich niedrigen Abgaswerte sehr erstaunt. Der damalige Direktor der Lebensmittelkette SPAR mit Sitz in Wörgl war ein begeisteter Anhänger des *ECO-Kat* und ließ seine Lieferwagen mit dem Katalysator ausrüsten. Ermutigt durch diese Erfolge, führte man 1988 auch im Nachbarland Deutschland Versuche durch. Der bayerische TÜV testete einen Golf Diesel, verglich die *ECO-Kat*-Werte mit den Normwerten und bestätigte die beeindruckende Abgasreduzierung.

Doch der Einbau des *ECO-Kats* warf ein geradezu absurdes Problem auf: Die Abgaswerte wurden normmäßig auch als Diagnose für die Einstellung der Motoren herangezogen. Als einmal ein Kunde mit eingebautem *ECO-Kat* in einer Werkstätte erschien, sah sich der Mechaniker die Abgaswerte an und meinte, dass der Motor viel zu mager eingestellt sei. Nachdem das Auto mit solch einem Motor aber gar nicht fahren dürfe, stellte er ihn fetter ein, wodurch die Abgaswerte – für ihn – wieder stimmten.

Nachdem der erste TÜV-Versuch so erfolgreich verlaufen war, wollte man 1989 ein in Österreich und Deutschland anerkanntes Gutachten erreichen. Die Firma *ÖTEC-DI Felbermayr* wurde mit der Überprüfung beauftragt, die beim TÜV-Prüfstand in Bayern durchgeführt werden sollte. Es wurde ein fabriksneuer Opel Corsa Diesel auf 1000 Kilometer eingefahren und der *ÖTEC-DI Felbermayr* übergeben, die ihn wiederum nach Bayern lieferte, wo nach vier Wochen die Null-Probe genommen wurde. Dann wurde der *ECO-Kat* eingebaut und nach weiteren 1000 Kilometern die zweite Testreihe erstellt. Dabei wurden über zwanzig Abgasparameter gemessen. Als das „Glücksfax“ nach langer Wartezeit bei den Granders endlich eintraf, herrschte großer Jubel: Die Testreihen belegten eindeutig, dass es neben den Veränderungen von Kohlenmonoxid und Kohlendioxid deutliche Reduktionen vor allem bei den krebserregenden Stoffen wie Aldehyde und Pyrene sowie bei Benzpyrene gab. Später kam es jedoch im deutschen Sprachraum zu einer massiven Medienkampagne, die dazu führte, die positive Wirkung des *ECO-Kats* in Abrede zu stellen.

Mit dem Ergebnis seiner mit einfachsten Mitteln durchgeführten Arbeit war Grander sehr zufrieden. Aber dabei blieb es nicht. Er hatte das Gefühl, dass eine noch unerkannte, unbenannte Aufgabe seiner harrte.

Das Echo der Öffentlichkeit auf Johann Granders Arbeiten war groß, aber keineswegs immer positiv. Viele von denen, die sich gerne als alles durchschauende, wissenschaftlich denkende Skeptiker profilieren wollten, sahen in ihm den Prototypen eines Scharlatans, der leichtgläubige Menschen mit wenig Wissen und Können, aber viel Geschwafel und Brimborium glauben machen wollte, er könne die sattsam bekannten „geheimnisvollen" Kräfte entfesseln. Ergebnisse, die seine Arbeit bestätigten, wollten sie anders erklären, sofern sie sie überhaupt zu sehen geruhten und nicht den Placebo-Effekt strapazierten.

Verleumdungen

Um sich greifende Begeisterung alarmiert grundsätzlich die Skeptiker, Kritiker und „Aufdecker" unter den Menschen, wie sich schon in den Jahren gezeigt hatte, als Johann Grander in Jochberg politisch tätig gewesen war. So musste er sich neuerlich mit öffentlich verbreiteten Angriffen und Warnungen herumschlagen: Dieses Mal sollte es sich bei ihm um einen skrupellosen, parasitären Scharlatan, wenn nicht gar Betrüger handeln, der mit der Sehnsucht der Menschen nach dem „Heilsein" ein zynisch-grausames Geschäft betreibe. Es wurde systematisch der Eindruck erweckt, er würde „werben", indem er kranken Menschen Heilung verspreche, und würde auch sonst völlig unhaltbare Versprechungen machen und mit seinen Produkten verwerflicher Weise nicht nur Geld verdienen, sondern weit mehr, als ihm zustehe. Das Grander-Wasser wurde allen Arten von herkömmlichen wissenschaftlichen Untersuchungen unterzogen und danach triumphierend festgestellt, man habe keinen physikalischen oder chemischen Unterschied zwischen belebtem und unbelebtem Wasser feststellen können. Lediglich der Verein für Konsumenteninformation *VKI* in Wien wollte einen Unterschied bemerkt haben: Man schreckte nicht einmal vor der im Rahmen eines Gerichtsverfahrens letztlich als falsch zugegebenen Behauptung zurück, man habe das in Flaschen abgefüllte Grander-Wasser untersuchen lassen und bei dieser Untersuchung eine zu Magen-Darm-Beschwerden führende Verkeimung gefunden. Der *VKI* musste diese Falschmeldung im Oktober 1999 berichtigen. Wer Johann Grander aus Gründen der Vorsicht nicht direkt als Betrüger hinstellen mochte, sah sich zumindest veranlasst, ihn als Volksschüler mit Hohn und Spott zu bedenken. Dieses Verhalten seiner Gegner war umso unverständlicher, als er sich im schlimmstmöglichen Fall ja nichts anderes zuschulden hatte kommen lassen, als den Menschen das Gefühl für die Kostbarkeit des Wassers und der darin enthaltenen natürlichen Energie zurückgegeben zu haben. Was daran schlecht sein soll, wenn die Menschen statt Coca-Cola eine Flasche belebten Wassers erwerben und sich davon Wohlbefinden erhoffen, bleibt ein Geheimnis.

Der Original-Grander-ECO-Kat wird an der Treibstoffleitung von Kraftfahrzeugen angebracht und trägt dazu bei, die schädlichen Abgaswerte zu verbessern.

In China wurde der MD Kat, der Vorläufer des heutigen Halbschalen-ECO-Kats, schon 1993 getestet und bei den staatlichen Eisenbahnen erfolgreich eingesetzt.

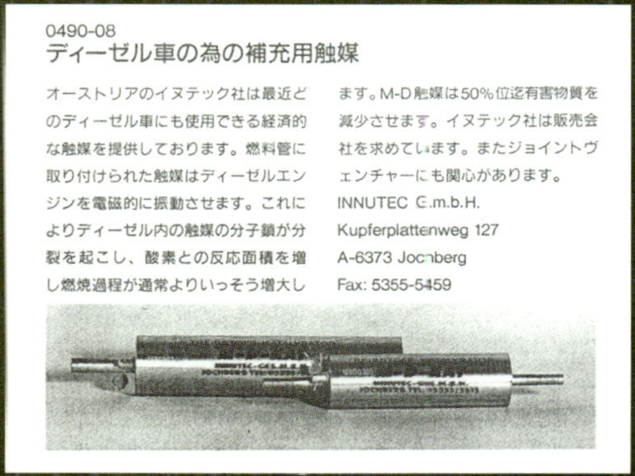
0490-08

ディーゼル車の為の補充用触媒

オーストリアのイヌテック社は最近どのディーゼル車にも使用できる経済的な触媒を提供しております。燃料管に取り付けられた触媒はディーゼルエンジンを電磁的に振動させます。これによりディーゼル内の触媒の分子鎖が分裂を起こし、酸素との反応面積を増し燃焼過程が通常よりいっそう増大します。M-D触媒は50%位迄有害物質を減少させます。イヌテック社は販売会社を求めています。またジョイントヴェンチャーにも関心があります。

INNUTEC G.m.b.H.
Kupferplattenweg 127
A-6373 Jochberg
Fax: 5355-5459

Hilfestellung von Sohn Hans

Johann Grander, der für sein belebtes Wasser niemals geworben hatte, sondern ausschließlich durch Mundpropaganda und die Begeisterung der Anwender bekannt wurde, nahm diese Erfahrungen zum Anlass, sich der Öffentlichkeit noch mehr zu verweigern, als es ohnehin seiner Natur entsprach. Er hatte es nicht nötig, irgendjemanden zu überzeugen – die Überzeugung stellte sich von selbst ein. Trotzdem sah er sich durch den immer breiter werdenden Erfolg und die systematischen Anwendungen der Grander-Technologie gezwungen, sich mit kaufmännischen Fragen auseinander zu setzen. Er stellte jedoch bald fest, dass sich sein Sohn Hans, der ihm schon als Kind und Jugendlicher bei seinen Experimenten begeistert zur Hand gegangen war, auch hier sehr geschickt anstellte. Johann Grander konnte sich wieder seiner Forschungsarbeit zuwenden. Der geschäftliche Erfolg und der Einsatz seines Sohnes hatte ihm nicht nur die Sorge um die Existenz abgenommen, sondern vor allem sein schlechtes Gewissen gegenüber seiner lange Jahre über Gebühr belasteten Familie beruhigt. Er freute sich für Inge und die Kinder, dass es finanziell bergauf zu gehen schien.

Um seinen Vater zu entlasten, übernahm Hans Grander jun. im Laufe der Zeit die administrativen Angelegenheiten der Firma. Mit den Erfindungen seines Vaters war er von Kindheit an bestens vertraut.

Neue Herausforderung Bergwerk

Johann Grander hatte noch nie in seinem Leben Urlaub gemacht, vermisste diese Erfahrung aber kein bisschen. Für ihn gab es nichts Spannenderes und Schöneres, als ein Ziel vor Augen zu haben, das Geist, Herz und Sinne gleichermaßen herausforderte. Solche Aufgaben hatte er viele gehabt. Dazu zählten seine Ehe und seine Kinder, der Hausbau, die Zeit als Ortspolitiker und nunmehr seit vielen Jahren seine Naturbeobachtungen, die er mit dem Wunsch betrieb, daraus Nutzen für die Menschheit zu ziehen, ohne mit der Umwelt und den Gesetzen der Natur in Konflikt zu geraten. Johann Granders Hauptanliegen waren immer – abgesehen von seinen Forschungen und Erfindungen –, die Menschen zu selbstständigem, eigenverantwortlichem Denken zu bewegen. Wären nur einige wenige Prozent der Erdbevölkerung so wie er von der Wiedergeburt überzeugt, sähe unsere Umwelt ganz anders, nämlich „gesünder" aus. Nur Menschen, die sich bewusst sind, dass sie ausschließlich nach ihrem Handeln und ihren Taten beurteilt werden, gehen auch rücksichtsvoll und dadurch schonend mit den Ressourcen dieses Planeten um.

Einer seiner seltenen Spaziergänge im näheren Umkreis seines Hauses führte Johann Grander zu einem idyllisch gelegenen Platz. Dieser Ort mit seinen drei hinter Bäumen versteckten, fast verfallenen Häusern, seinen blühenden Büschen und der Blumenwiese, durch die ein kleiner Bach floss, war mehr als malerisch, er war magisch. Eine solch positive, in jedem Detail stimmige Aura glaubte er kaum woanders finden zu können. Was konnte besser als Sitz des Familienunternehmens eines Entdeckers passen, der es sich mit gleichgesinnten Freunden in den Kopf gesetzt hatte, die Welt von seiner Wasseridee zu überzeugen?

Grundkauf

Schwierigkeiten bereitete Johann Grander das als Basis für seine Versuche herangezogene Wasser, das er ursprünglich von einer am Pass Thurn gelegenen Quelle bezog. Die Abfüllung an Ort und Stelle war nicht leicht. Um unverfälschte Ergebnisse zu liefern, durfte das Wasser nicht verschmutzt sein. Außerdem war die Quelle nach Regenfällen tagelang nicht verwendbar, da sich das Regenwasser mit dem Quellwasser vermischte und dessen Charakter so lange massiv veränderte, bis es ausgeschwemmt war. Eines Tages überbrachte Franz Salvenmoser, ein enger Freund der Familie, eine Wasserprobe von einer Quelle aus dem stillgelegten Kupferbergwerk in Jochberg. Grander begutachtete dieses Wasser unter seinem Mikroskop und war fasziniert. Es war von allererster Güte. Von diesem Moment an war er nur mehr von dem Gedanken gefesselt, wie er an dieses herankommen könnte, um es künftig anstelle des bisher vom Pass Thurn bezogenen Wassers als Basis für die Herstellung seines Konzentrats zu verwenden.

Das Grundstück und das darauf befindliche Bergwerk befand sich in Besitz eines Frankfurter Pelzhändlers, an den jedoch schwer heranzukommen war. Dennoch sah Johann Grander im Geiste schon sein Firmengebäude dort stehen und seine Familie, wie sie das Bergwerk aus seinem Dornröschenschlaf weckt. Das neue Vorhaben machte in Jochberg wie üblich die Runde und bestätigte wieder einmal seinen Ruf als Spinner, der jetzt wohl den letzten Bezug zur Realität verloren haben musste. Nur ein alter Freund aus der Zeit, als er noch Tankstellenpächter war, der amtierende Bürgermeister Heinz Huber, überlegte mit ihm, wie sich ein solches Vorhaben verwirklichen ließe.

Grander fand einen Unternehmer, der als Partner in der *Innutec* für die nötige finanzielle Sicherheit beim Kauf sorgen sollte. Nachdem die Verträge unterschrieben waren, stieg Granders Partner unvermutet aus dem Geschäft aus und Johann Grander stand wieder am Anfang. Doch auch in dieser Situation kam Grander die Vorsehung zu Hilfe: Bei einem Vortrag hatte er den Direktor der Bank kennen gelernt, bei der sein Freund Huber angestellt war. Die beiden waren sich auf Anhieb sympathisch. Heinz Huber war nicht nur von der Wirksamkeit des belebten Wassers überzeugt. Er wusste auch, dass die Integrität, Zähigkeit und Ausdauer von Johann Grander auf jeden Fall zu einem Erfolg führen würden. Hubers Fürsprache und die schon vorhandene stimmige „Chemie" zwischen seinem Vorgesetzten und Johann Grander führte letztendlich zur Gewährung des Kredites. Damit ging das gesamte heutige Firmenareal nun endlich in den Besitz der Familie Grander über.

Das Bergwerk

Tirol hatte eine jahrhundertealte Tradition im Kupferbergbau, von der heute noch zahlreiche, seit über hundert Jahren stillgelegte, verlassene Bergwerke zeugen. Sie bestehen zumeist aus kilometerlangen, unterirdischen, zum Teil eingebrochenen oder mit Geröllmassen zugeschütteten Stollen und Schächten. Auch das von Johann Grander erworbene Bergwerk bot kein anderes Bild. Der mit Brettern vernagelte Zugang bedeutete nur eins: Vorsicht beim Betreten – Einsturzgefahr. Grander kümmerte sich nicht darum. Er war entschlossen, das schon im 16. Jahrhundert betriebene Kupferbergwerk zu revitalisieren und in ein Schaubergwerk umzuwandeln, das die Geschichte des Kupferabbaus illustrieren und den Besuchern die Mineralien der Gegend näher bringen sollte. Obwohl der Bergbau seit dem Jahr 1926 stillgelegt war, lagen die Bergrechte noch immer beim *AMAG*-Konzern. Grander maß die-

Ein Abschiedsfoto aus vergangenen Zeiten: Am 31. Juli 1926 wurde das Bergwerk „Kupferplatte" geschlossen. Erst durch die Familie Grander wurden seine Pforten wieder geöffnet.

Freunde und Bekannte stellten sich freiwillig zur Verfügung, um den Stollen zu restaurieren. Im Bild: Franz Salvenmoser (4. v. links), Günter Widmoser (5. von links) und andere.

Im Schaubergwerk stellen Puppen die Arbeit der Bergknappen dar. In regelmäßigen Abständen werden sie von Schimmelbefall befreit .

Schwiegersohn Walter Oberlechner, Bergmann Günter Widmoser, Sohn Hans und Johann Grander bei der Verlegung der Schienen für die Grubenbahn.

Die Arbeit hört nie auf: Der nächste Bau, die Errichtung des neuen Firmengebäudes, wird von Vater und Sohn in Angriff genommen.

Die Ausbau- und Sicherungsarbeiten des Innenbahnhofes bei ca. 750 m Tiefe gehen voran. Tonnen von Schutt mussten mühevoll entfernt werden.

Ein seltenes Foto: Johann Grander vertauschte seine geliebte Latzhose mit der traditionellen Uniform der Bergleute.

Manche Gäste hatten die Ehre, von Johann Grander persönlich mit der Grubenbahn, hier die E-Lok 01, in das Bergwerk gefahren zu werden.

sem Umstand keine Bedeutung bei. Wer sollte schon etwas dagegen haben, wenn ein Bergwerk, das niemanden mehr interessierte, hergerichtet und vor dem gänzlichen Verfall gerettet wurde? Die Idee fand bei der Familie, den Freunden und freiwilligen Helfern so großen Anklang, dass man nicht nur umgehend die Arbeiten in Angriff nehmen wollte, sondern auch einen Schaubergwerksverein gründete. Getragen von der gemeinsamen Begeisterung ging es unter gewaltiger Staubentwicklung los. Tonnen von Schutt und Geröll mussten händisch abtransportiert und die leergeräumten Stollen mit Holzpfosten gestützt werden. Dies war der Moment, in dem die Bergbaubehörde einschritt und es eine Zeitlang so aussah, als ob nicht weitergearbeitet werden könnte. Schließlich wurden Grander jedoch die Bergbaurechte übertragen – sein Sohn Hans jun. ließ sich zum „Werkmeister für die Betriebsführung eines untertägigen Bergbaus" ausbilden und besuchte an der Monatanuniversität in Leoben einen Intensivkurs der Hüttenschule, um das Schaubergwerk später als Betriebsleiter kompetent führen zu können.

Stephaniequelle

Ein Jahr nach Beginn der Bauarbeiten konnte das liebevoll ausgestaltete und ausgestattete Schaubergwerk seine Pforten für Besucher öffnen, die auch in Scharen herbeiströmten, obwohl noch längst nicht alle Arbeiten erledigt waren. 1994 konnte eine aus langwierig und einzeln bei Schrotthändlern und Steinbruchbetreibern zusammengetragene Grubenbahn ihre Arbeit aufnehmen. Sie entwickelte sich zur eigentlichen Attraktion für die Besucher. Die Quelle wurde übrigens nicht, wie manche vermuten, nach Granders jüngster Tochter benannt, sondern wurde bereits in den alten Bergbauplänen so bezeichnet.

Die eigentliche Sensation war, dass sich nicht nur die schon bekannte Wasserprobe, sondern die gesamte Quelle als Wasser allererster Güte erwies. Das Wasser sprudelte nur so aus dem Berg. Es stand nun endgültig fest, nur noch dieses Quellwasser als Basis für die Herstellung seines Konzentrats zu verwenden. Die Auffindung der Quelle konnte ein Mann wie Johann Grander, der nicht an Zufälle, sondern an spirituelle Zusammenhänge und entsprechende Führung glaubt, nur als Fügung betrachten. Er war sicher, dass sich die Dinge nunmehr bleibend zum Guten wenden würden. Alles, was sein Leben ausmachte, konzentrierte sich nunmehr auf diesen magischen Platz – sein Familienunternehmen und ein eigenes Wasser als Trägerelement für jede Form positiver Energie.

Fundament für die Zukunft

Die zwar langsame, aber sichere Durchsetzung der Grander-Technologie bedurfte einer völlig

Die Stephaniequelle: Hier entspringt das Wasser, das Johann Grander sein Leben lang gesucht hatte. Heute wird es als Grundlage für die Produkte der Grander-Technologie verwendet.

neuen Planung der Betriebsanlagen. Das Risiko, zu groß zu bauen, stand genauso im Raum wie die Gefahr, zu klein zu dimensionieren. Man brauchte eine hochmoderne Abfüllanlage, die eine Trinkwasserqualität garantierte, die dem strengen österreichischen Lebensmittelkodex entsprach, und benötigte Lagerraum für Geräte und für die abgefüllten Wasserflaschen. Die Planung der Betriebsanlage der *Innutec* erfolgte in einer Zeit, in der ein Durchbruch der Grander-Technologie noch nicht absehbar war. Familienvater Johann Grander, inzwischen schon Großvater, wollte immer möglichst viele Familienmitglieder „zu Hause" behalten. Sein Optimismus war ungebrochen und er entschied, möglichst groß zu bauen. Eine Entscheidung, die auf der festen Überzeugung beruhte, dass seiner Technologie auf Dauer der Zuspruch nicht versagt bleiben konnte. Heute sind die Räume fast vollständig ausgelastet. Im Nachhinein wundert sich eigentlich niemand mehr darüber, denn das richtige Maß zu finden war von jeher eine Stärke von Johann Grander. In mehreren Jahren Bauzeit hatte man Schritt für Schritt ein hochmodernes funktionales Betriebsgelände errichtet, das modernen Umweltbedingungen entspricht und einen reibungslosen An- und Abtransport von Waren ermöglicht. Vier Kinder sind im Betrieb beschäftigt. Hans, Stephanie, Heidi und Heribert betreiben harmonisch den ganzen Betrieb. Enkeltochter Julia repräsentiert als Lehrling bereits die dritte Generation.

Das Ehepaar Grander einmal mehr im Aufbruch zu einer neuen Zeit: Das neue Gebäude der Firma Innutec entsteht.

Ein Foto aus dem Frühherbst 1992: Johann Grander steht vor dem noch nicht wirklich vorstellbaren Haupteingang des Innautec-Neubaus.

Johann Grander beim Verpacken der abgefüllten Wasserflaschen. Fleißige Helfer sind die Kinder Heribert und Stephanie sowie der Schwiegersohn Stefan Krimbacher.

Die Tochter Stephanie ist für die Verrechnung und Buchhaltung der Firma Innutec verantwortlich. Im Bild rechts Dan Stewart, Vertriebsleiter für USA und Kanada.

Heribert leitet im Familienbetrieb die Bereiche Qualitätssicherung und Produktion.

Heidi, im Bild mit ihrer Mutter und der Tochter Sophie, ist für die Verrechnung der Firma IPF zuständig.

Hans Grander, Geschäftsführer der Firma Innutec, ist auch für das Schaubergwerk „Kupferplatte“ verantwortlich. Festlich herausgeputzt, präsentiert er sich mit seinen Kindern Hansi und Anna.

Auch die vierte Grander-Generation, der Sohn von Hans, wird vom stolzen Großvater mit dem Familienbetrieb vertraut gemacht. Hansi, ein möglicher Nachfolger?

Hans Kronberger

Johann Grander und die Wissenschaft

Der Zeitpunkt der Trennung zwischen überliefertem Alltagswissen und akademischen Wissenschaften ist heute kaum mehr auszumachen. Spätestens seit Beginn der Neuzeit, als einerseits noch Alchemisten versuchten, Blei in Gold zu verwandeln, andererseits aber die ersten wissenschaftlichen Wirtschaftstheorien auftauchten, ist es zu einem wahren Verdrängungswettbewerb zu Ungunsten des traditionell überlieferten Naturwissens gekommen. Der rasante Aufstieg der Naturwissenschaften im 18. und 19. Jahrhundert mit seinen unzähligen Entdeckungen und sensationellen Entschlüsselungen von mechanischen Naturvorgängen, mit dem Ersatz der menschlichen und tierischen Arbeitskraft durch fossile und später atomare Energie sowie der Automatisierung der Produktionsvorgänge setzte nicht nur ein im Entstehen begriffenes neues Weltbild voraus, er führte auch zwangsläufig ein solches herbei. Die kleinen Einblicke, die die Natur plötzlich gewährte, die mathematischen Regeln, die sich aufstellen ließen und das Gefühl von Erkennen und Verstehen vermittelten, machten hochmütig. Alles schien mechanisch nachvollziehbar zu sein und nichts würde sich auf Dauer dem Forschungsdrang des Menschen entziehen können, lautete die These. Es sei nur eine Frage der Konsequenz, bis die letzten Rätsel der Natur gelöst werden konnten,

es zähle nur, was mess- und wiegbar ist. Dass, wer viel misst, auch viel Mist misst, wie Johann Grander oft scherzhaft anmerkt, gilt der Wissenschaft fast als Majestätsbeleidigung. Für die intuitive Naturbeobachtung, den sinnlich vergeistigten Zugang zu ihren Erscheinungen und die integrative Interpretation der daraus resultierenden Erkenntnisse blieb da wenig Zeit und Spielraum. Dieser Zugang wurde ins Reich der Religionen, besser noch der Esoterik verwiesen.

Zusätzlich entwickelte die akademische Wissenschaft eine eigene Sprache, die sie vom Alltagswissen gänzlich abkoppeln sollte, da sie nur von Eingeweihten, das heißt, einem speziell ausgebildeten Personenkreis, verstanden wurde. Der Austausch zwischen Alltagsbeobachtung und wissenschaftlicher Interpretation kam zum Erliegen. Man bewegte sich in verschiedenen Sprachen, Blickwinkeln, Denkstrukturen und Rezeptionstechniken. Die unwissenschaftliche, von Laien betriebene Naturbeobachtung geriet völlig ins Hintertreffen.

In den letzten Jahren hat jedoch eine Neuorientierung begonnen und eine Renaissance des alten Wissens ist zu erkennen. Viele Menschen, die noch Zugang zu traditionellem Wissen oder es quasi im Blut haben, melden sich lautstark zu Wort und werden auch gehört. So werden heute wieder Bäume nach dem Mondkalender gefällt, um die Eigenschaften des Holzes für den Hausbau zu optimieren. Stärker noch ist dieser Trend in der Medizin festzustellen, wo zwar die schulwissenschaftliche Variante unvorstellbare Fortschritte macht und die Chirurgie Ergebnisse zustande bringt, die mit dem Wort Wunder gar nicht ausreichend erfasst werden können, die so genannten Zivilisationskrankheiten aber auch rasant zunehmen und immer hartnäckigere Probleme mit sich bringen. Die Fortschritte der Schulmedizin gingen also Hand in Hand mit zum Teil unheimlichen und äußerst kostenintensiven Nebenwirkungen. Folgerichtig hat die seit 1810 bekannte Homöopathie, die im klassischen Widerspruch zu den traditionellen Erkenntnisansätzen liegt – für sie ist weniger durchaus mehr –, zu einem Siegeszug angesetzt. Ähnliches könnte die Naturbeobachtung für die Naturwissenschaften leisten, wenn man zu einer gemeinsamen Sprache zurückfindet und andere vorhandene Barrieren überwunden werden.

Polarität als Annäherung

Die Gefahr ist allerdings groß, dass sich ein Glaubenskrieg zwischen Naturbeobachtung und Wissenschaft entwickelt, eine Auseinandersetzung, bei der eine Disziplin der jeweils anderen die Existenzberechtigung abspricht. Die Menschen müssen erst noch – oder wieder – lernen, dass Gegensätze in unserer polaren Welt nicht ausrottbar, sondern zur Koexistenz bestimmt sind. Höhere Wahrheiten sind grundsätzlich das Ergebnis einer Annäherung, die ihren Ausgang von einander diametral gegenüberstehenden Standpunkten nimmt. Die Natur ist ein einziges gigantisches Tribunal, in dem jeder Angriff notwendigerweise Verteidigung nach sich zieht und jede Verteidigung Angriff provoziert. Jeder muss beide Rollen beherrschen, muss sich dem anderen stellen. Die Denkwelten der Wissenschaft einerseits und der Naturbeobachtungen andererseits haben zwar dasselbe Objekt der Begierde, jedoch unterschiedliche Ziele. Während der analytisch wissenschaftliche Geist danach trachtet, die Natur zu erkennen, um sie verbessern und beherrschen zu können, will der intuitiv ganzheitliche, vertrauensvolle Geist erkennen, um sich anzupassen und zu integrieren. Beide Antriebsfedern zusammen erhöhen das Wissen, es liegt jedoch in der Natur der Sache, dass der Frieden, den die Menschheit ersehnt, mit Einsicht und Einklang zu tun hat. Und außerdem: Was genau will der Mensch beherrschen, wenn er nicht einmal sagen kann, woher er kommt, wohin er geht, was hinter dem Universum liegt oder ob es ein kleinstes Teilchen gibt. Schon die grundsätzliche Unfähigkeit, auf solche Fragen eine halbwegs befriedigende Antwort zu geben, sollte die Wissenschaft zur Demut anregen.

Die Naturwissenschaft hat in den letzten zwei Jahrhunderten gigantische Erfolge gefeiert und befindet sich derzeit in einem Anwendungsrausch der Erkenntnisse. Sie hat das Geheimnis der Kernspaltung entdeckt und damit, ihrem Beherrschungstrieb folgend, Vernichtungswaffen geschaffen, die alles Leben auf dem Planeten gleich mehrfach vernichten können. Sie hat den Schwerkraftmantel der Erde überwunden, den Mond betreten, den genetischen Code in Ansätzen entschlüsselt und vieles mehr entdeckt bzw. geleistet. Leider verspürt sie kein bisschen das Bedürfnis, einen einzigen Moment stehen zu bleiben im Sinne des Spruches: Verweile doch, du bist so schön. Ist dieser Augenblick etwa schon lange vorbei, ist er gar verpasst worden oder haben wir ihn noch immer nicht erreicht? Werden wir ihn je erreichen und wenn ja, mit welcher Denk- und Sichtweise? Was steckt hinter dem Drang der Wissenschaft zum unersättlichen Vorwärtsstürmen? Und worum geht es ihr wirklich?

Neue Gesellschaftsbedingungen

Die Wende vom zweiten zum dritten Jahrtausend beendet das Industriezeitalter, das den Industriestaaten Vollversorgung, materiellen Reichtum und Mobilität gebracht hat. Anscheinend haben wir davon schon wieder genug. Wir präsentieren uns ziemlich nackt, minimalistisch, puristisch, halten uns über kurz oder lang nur mehr im Internet auf und kaufen mehr Information als alles andere. Eine neue Revolution ist über die Menschheit hereingebrochen. Sie hat ein virtuelles Zeitalter eingeleitet, bei dem sich schon abzeichnet, dass der Zivilisationsmüll von gestern durch den Kommunikationsmüll von morgen ersetzt wird. Jedenfalls gibt es noch nicht den geringsten philosophischen Ansatz dafür, wie dieses neue Zeitalter zu bewältigen wäre. Ob dies besser gelingt als im Industriezeitalter, das in dieser Hinsicht offenkundig versagt hat, wird eine Überlebensfrage sein.

Das Industriezeitalter hat ganz simple Überlebensfragen aus dem Denken der opinion leader schlichtweg gestrichen. Das war wohl auch nicht anders möglich; wären sie berücksichtigt worden, hätte man vermutlich das ganze Zeitalter gestrichen. Von vorne hat es jedenfalls verlockend und aufregend ausgesehen. Erst rückblickend erkennen wir die umfassende Verwüstung, die es produziert hat, und die traurige Tatsache, dass nicht die Täter die Zeche zahlen werden, sondern die nachfolgenden Generationen.

Die Gesellschaft, die sich selbst als modern definiert, hat keine gültigen, allgemein respektierten Wertvorstellungen entwickelt. Sie setzt statt dessen auf Sentimentalität und Heuchelei, die sie perfektioniert hat. Friede ist kein tatsächlich angestrebtes Ziel, kriegerische Auseinandersetzungen werden in Wahrheit als systemimmanent erkannt und akzeptiert. Der aus der künstlichen Verstärkung von Gefällen bezogene Reichtum und Überschuss wird keineswegs nach sozialen

Kriterien aktiviert. Ganz im Gegenteil; Solidarität mit den Hungernden und echte ökologische Lösungsansätze gibt es nur in verlogenen Sonntagsreden. Der sich aus diesem Versäumnis ergebende Migrationsdruck wird nicht durch Hilfestellung in der Heimat entschärft, nein, die Not der Flüchtlinge wird sogar als moralische Keule missbraucht. Die Entwicklung hochkomplizierter Technologien hat nicht zu einem erweiterten sozialen Verantwortungsbewusstsein geführt, im Gegenteil: die traditionellen, sozial und emotional definierten Netze und Bindungen wurden durch nüchterne Dienstleistungen ersetzt, die bald keiner mehr erbringen will und bald auch keiner mehr bezahlen kann. Das Wort *wir* wurde zur totalitären Bedrohung stilisiert, das Wort *ich* zur Zauberformel angeblicher Befreiung von Zwängen verharmlost. Der Raum, in den der Mensch gestellt ist, hat sich damit nicht vergrößert, er ist lediglich einsamer geworden.

Negative Folgen

Die Zerstörung der Biosphäre wurde bei vollem Bewusstsein sowohl in Bezug auf die Ursachen als auch in Bezug auf die Folgen hingenommen, wenn nicht gar betrieben. Die Naturwissenschaften haben sich bisher wohl im falschen Glauben, dass daraus Fortschritt resultieren werde, eher als Handlanger der Zerstörung zu erkennen gegeben und nur widerwillig äußerst bescheidene Beiträge zur Lösung der Umweltprobleme geleistet. Über weite Teile ist der technische Fortschritt selbst das Problem und nicht die Lösung. Es hat sich kein intelligentes Selbsterhaltungsdenken entwickelt. Technologien, die wesentlich zum Erhalt der Erdatmosphäre beitragen könnten, wie zum Beispiel die Energiegewinnung aus Sonnenlicht, werden nicht entsprechend ihrer Bedeutung entwickelt, weil sie für die kapitalistische Marktwirtschaft den Nachteil haben, die Abhängigkeit der Menschen und damit die Profitchancen der Großkapitalträger zu verringern.

Die Maxime des Industriezeitalters, nach der Wachstum das zentrale Synonym für Fortschritt ist, lässt sich heute nicht mehr aufrechterhalten. Wo aber liegt die Formel, die dieses überholte Paradigma ablösen kann? Sind Information und Kommunikation geeignete Lösungsansätze? Und wenn ja, welche Art von Information und Kommunikation? Dass wir nicht jede bewerkstelligen können, sondern gliedern und aussortieren müssen, hat sich immerhin schon herumgesprochen. Was aber soll aussortiert werden und wer kann das tun?

Die Naturwissenschaften haben also trotz ihrer großen partiellen Erfolge in den letzten Jahrzehnten nicht den geringsten Anlass zu Hochmut gegenüber Naturbeobachtern und Naturforschern; zu oft haben sie sich geirrt und die Lage insgesamt verschlimmert, anstatt sie zu verbessern.

Nach Jahren des Ignorierens und der Kommunikationslosigkeit erregte Johann Grander, nicht zuletzt durch die ausführlich dokumentierten Erfolge von zigtausend Anwendern, doch noch die Aufmerksamkeit der Wissenschaft. Die Mauer des Schweigens vor der Wasserbelebung ist unter dem Gewicht dieser Anwendererfahrungen langsam zerbröckelt. Grander hat eine Brücke geschlagen zwischen der Naturwissenschaft und der Naturbeobachtung. Das ist, langfristig gesehen, wahrscheinlich sein größtes Verdienst.

Die Ausgangsbasis war nicht einfach, heftiger konnte der Widerspruch kaum sein: hier der Absolvent von sieben Jahren Volksschule, ohne jede akademische Ausbildung, dort die Wissenschaft und ihre Möglichkeit, mittels hochkomplexer und gigantisch leistungsfähiger Rechner alles zu messen, was messbar scheint. Ein klassischer Konflikt zwischen der Beobachtung der Natur sowie den daraus erkennbaren Gesetzmäßigkeiten einerseits und der Wissenschaft andererseits, die zum Absolutheitsanspruch tendiert und nur akzeptiert, was für sie systemkonform ist, oder, schlicht ausgedrückt, in ihr Weltbild passt. Man ist geneigt, den unbekümmerten David der Naturbeobachtung gegenüber dem Goliath der rationalen Naturwissenschaft in Schutz zu nehmen, wobei er das eigentlich nicht nötig hat. Das Selbstbewusstsein, das durch steigende Aufmerksamkeit und laufende Erfolge noch gestärkt wird, ist ausreichend vorhanden.

Blick in die Geschichte

Die Würdenträger der Wissenschaft sind kaum in der Lage, zuzugeben, dass es Dinge zwischen Himmel und Erde und natürlich auch darüber hinaus gibt, die sie (noch) nicht qualifizieren und quantifizieren können. Ein Blick in die Historie sollte dabei durchaus hilfreich sein. Man muss gar nicht Galileo Galilei bemühen, der von der katholischen Inquisition mit dem Tod bedroht wurde, weil er das geozentrische Weltbild, laut dem sich die Sonne um die Erde drehe, bezweifelt hat, um die Fehlbarkeit der Wissenschaft zu dokumentieren. Man braucht sich nur zu überlegen, wie wohl die Vertreter der Wissenschaft vor hundert Jahren auf die These reagiert hätten, dass man in fast unendlichem Ausmaß, ohne erkennbaren Zeitverlust in Wort, Schrift und Bild, Informationen versenden und diese an jedem beliebigen Ort der Welt empfangen, konservieren und weiterversenden könne. Jules Verne hat die Mondfahrt ziemlich exakt beschrieben, bevor auch nur Bruchteile des technischen Wissens dafür vorhanden waren. Vielleicht lächeln unsere Nachfahren einmal genauso über den Streit zwischen Naturbeobachtern und Wissenschaftern, ob Wasser in der Lage ist, Informationsträger und -speicher zu sein, wie wir heute über die damaligen Kirchendogmatiker, die mit furioser Gewalt ihr geozentrisches Weltbild verteidigten.

Um die Naturbeobachter zu verstehen,

muss man akzeptieren, dass es Menschen gibt, die intuitiven Zugang zu Erkenntnissen haben, die bis dahin kein Thema waren. Zugang zu einem Wissen, das bis dahin schlicht unbekannt war. Im wesentlichen ergibt sich dieses Wissen aus Beobachtung und einer intuitiven Fähigkeit zur stimmigen Interpretation. Leider bleibt solches Wissen meist vereinzelter Schatz des Betroffenen und damit unbekannt.

Die Wirkung der Grander'schen Wasserbelebung, wie er sie konkret zustande bringt, ist aus naheliegenden Gründen sein Geheimnis, jedoch empirisch nachvollziehbar und mittlerweile auch wissenschaftlich messbar.

Wasserbelebung in der Praxis

Interessanterweise waren es Ärzte, die als erste das Schweigen über die Wirkung der Wasserbelebung in der Heilkunst brachen und an die Öffentlichkeit gingen. Der praktische Arzt Dr. Erhard Schrödlein aus Niederösterreich bekannte in einem Fernsehinterview, dass er ausgezeichnete Erfolge mit Grander-Wasser erzielt habe und damit vor allem Hautkrankheiten behandle. In Deutschland war es der praktische Arzt Ulrich Wunsch, der in der bekannten Fernseh-Talkshow von Jürgen Fliege, der übrigens selbst überzeugter Grander-Anwender ist, seine medizinischen Erfolge bei der Behandlung eines schwer verunfallten jungen Mädchens präsentierte. Inzwischen gibt es weltweit an die hundert Ärzte, die sich mit belebtem Wasser beschäftigen.

Am 6. Oktober 2000 fand in Wien das erste internationale Treffen von Ärzten statt, die das nach Grander belebte Wasser therapeutisch einsetzen. Das Hauptziel des kleinen Kongresses war es, Ärztinnen und Ärzte zum Gedanken- und Erfahrungsaustausch zusammenzubringen, ihnen die Möglichkeit zu geben, ihre unterschiedlichen Erfahrungen mit belebtem Wasser weiterzugeben und umgekehrt neue Erfahrungen aufzunehmen. An der Veranstaltung nahmen auch kritische Ärzte teil, die sich mit belebtem Wasser noch nicht beschäftigt hatten; sie gaben der Diskussion eine besondere Dynamik. Einhelliger Tenor war, dass alle Teilnehmer ihre ersten Erfahrungen mit der Grander-Technologie und ihr erstes Wissen darüber von ihren Patienten bezogen haben.

Ein sicherer Zugang zur Wasserbelebung führt über die empirischen Erfahrungen der Anwender, da diese eindeutig nachweisbar sind. Viel schwieriger ist es, die Theorie der Wasserbelebung zu erklären. Die Wissenschaft ist derzeit nicht in der Lage, nachzuvollziehen, was sich im Wasser bei der Belebung verändert und ob es in der Lage ist, Informationen aufzunehmen, zu speichern und wieder abzugeben. Dabei wurde eine erste Spur zu solchen Gedanken bereits im 16. Jahrhundert gelegt, nämlich von dem 1493 in Einsiedeln geborenen Arzt und Naturforscher Theophrastus Bombastus von Hohenheim, kurz

Am 6. Oktober 2000 trafen sich in Wien erstmals Ärzte, die seit Jahren nach Grander belebtes Wasser in ihren Ordinationen anwenden, zu einem Gedanken- und Erfahrungsaustausch.

Paracelsus genannt. Dieser meinte, man solle Wasser nur nach seiner Wirkung beurteilen; die Suche nach speziellen Substanzen sei in vielen Fällen sinnlos, weil Mineralien, die einst aus dem Element Wasser geboren wurden, dann, wenn sie über die Zeit ihrer Reife hinaus in der Erde liegen, wieder vollständig zu Wasser vergehen.

Nach Paracelsus hängt es also nicht von der Messbarkeit ab, ob man annehmen dürfe, dass der spiritus (Geist) eines Minerals noch im Wasser enthalten ist, sondern ausschließlich von der Wirkung des Wassers. Spricht diese Wirkung für das Vorhandensein eines bestimmten Minerals, so ist es auch dann enthalten, wenn es materiell nicht nachweisbar ist. Ist hier nicht ganz präzise die Theorie der Homöopathie niedergeschrieben, wonach gerade die Verdünnung einer Substanz zu potenzierter Wirkung führen könne, die so weit gehe, dass sie selbst dann (wenn nicht sogar noch intensiver) wirkt, wenn die Substanz selbst gar nicht mehr aufscheint? Ist das nicht eine klassische Form der Informationsspeicherung im Wasser?

Das Phänomen, dass die Existenz eines bestimmten Vorgangs oder Zustands nur anhand der Wirkung, nicht jedoch im Trägerelement Wasser selbst nachzuweisen ist, ist also nicht so neu, sondern schon vor einigen Jahrhunderten erkannt worden.

Die Mitteilungs- bzw. Speicherfähigkeit des Wassers ist keineswegs das Einzige, was die Wissenschaft noch nicht erklären kann. Der österreichische Wissenschafter Prof. Dr. Viktor Gutmann meinte, es sei zumindest fragwürdig, von der Anomalie des Wassers zu sprechen, weil es bei plus vier Grad Celsius die höchste Dichte hat. Der sechsfache Doktor und zweimalige Nobelpreis-Kandidat sinnierte, ob nicht vielmehr unsere Formeln völlig unzureichend seien, um das Phänomen Wasser zu erklären, das Wasser hingegen völlig normal.

Wasser ist mehr als eine Formel

Man kann es drehen und wenden wie man will, der Tiroler Johann Grander hat mit der Entdeckung der Wasserbelebung eben dieses Element Wasser in den Mittelpunkt der Diskussion gerückt. Ja, es offenbart sich sogar eine neue Dimension der Wasserphilosophie. Plötzlich tauchen Fragen über Fragen zu einem Thema auf, das längst als abgeschlossen galt. Wasser wurde als das meist untersuchte Objekt der Wissenschaft betrachtet und trotzdem auf die simple Formel H_2O reduziert. Eine provokante Neudiskussion über die tatsächlichen Fähigkeiten und potentiellen Eigenschaften des Wassers könnte, wenn sie fair und ernsthaft geführt wird, auch im Bereich der Naturwissenschaften einen faszinierenden und höchst lohnenden Erkenntnisprozess auslösen. Selbstverständlich müssen die Überlegungen von Jakob Lorber, dem Wassermystiker, dessen Werke

Theophrastus Bombastus von Hohenheim, kurz Paracelsus genannt, 1493 in Einsiedeln geboren, war Arzt und Naturforscher und von der These überzeugt, dass man Wasser nur nach seiner Wirkung beurteilen solle.

zu Unrecht kaum bekannt sind, und dem großen Naturvisionär Viktor Schauberger mit einbezogen werden.

Wasserbelebung in Russland

Das Forscherteam der Russischen Akademie der Naturwissenschaften setzt auf die Wasserphysik und erhofft sich von dort fundamental neue Erkenntnisse über Wasser: Das 20. Jahrhundert war das Jahrhundert der Wasserchemie, erklärt Rachmanin, hier kommen wir mit unserem Wissen nicht mehr weiter, das 21. Jahrhundert wird hingegen das Jahrhundert der Wasserphysik sein! Rachmanin war intensiv mit der Wasserversorgung der russischen Kosmonauten beschäftigt und fungiert heute als Vizepräsident der Akademie der Naturwissenschaften und Experte für Trinkwasser der Weltgesundheitsorganisation *WHO*. Prof. Vladimir Kondratow, emeritierter Professor an der Universität von Jekaterinburg, ist Spezialist für Wasserstrukturforschung. Der stille, gelegentlich leicht weltfremd wirkende Wissenschafter wird von anderen Mitgliedern der Akademie als Einstein Russlands bezeichnet.

Über Vermittlung des Grander-Auslandsbetreuers und Russlandexperten Johannes Koppensteiner kam 1996 der erste Kontakt zwischen der Grander-Technologie und den russischen Forschern zustande. In diesem Zusammenhang darf nicht unerwähnt bleiben, dass die russische Wasserforschung seit jeher weltweit einen ausgezeichneten Ruf besitzt. Koppensteiner brachte den Grander'schen Haustechniker, DI Dr. Horst Felsch, nach Moskau mit, der Rachmanin vor allem die mikrobiologischen Ergebnisse seiner Erforschung der Grander-Technologie präsentierte.

Über diese erste Begegnung im Jahr 1997 berichtet Dr. Felsch: „Man führte uns zunächst in ein riesiges Besprechungszimmer, das einer Ausstellungshalle für Wasseraufbereitungsgerä te glich. Ich zählte fünfzig verschiedene Typen, darunter solche mit Aktivkohlefilter, Umkehrosmose, Membranfilteranlagen, Geräte mit Permanentmagneten, Kieselkartuschen u. Ä. mehr. Angesichts dieser Gerätschaften wusste ich, dass wir beim richtigen Mann gelandet waren. Ich begann, die Grander-Technologie vorzustellen, bemerkte aber, dass ich mit meinen allgemeinen Erörterungen über das Wassermolekül, die Clusterbildung und die Informationsübertragung wenig Interesse bei Prof. Rachmanin fand, seine Augen und seine Körpersprache signalisierten Langweile, und als er meine Ausführungen offensichtlich nicht mehr aushielt, ergriff er die Initiative und erklärte mir, dass ihm dies alles längst bekannt sei. Umgekehrt erläuterte er mir die gigantischen Probleme der Moskauer Wasserversorgung. Der Grundstein für eine hochinteressante Zusammenarbeit war gelegt!"

Die Professoren der Russischen Akademie der Naturwissenschaften, Juri Rachmanin und Vladimir Kondratow, bei einem Besuch in Jochberg.

DI Dr. Horst Felsch reiste 1997 nach Moskau, um den russischen Wissenschaftern die mikrobiologischen Ergebnisse seiner Erforschung der Grander-Technologie zu präsentieren.

1996 vermittelte der Grander-Auslands-betreuer Johannes Koppensteiner den Erstkontakt zwischen Professor Juri Rachmanin und dem Haus Grander.

Professor Vladimir Kondratow gilt als der „Einstein" Russlands und ist einer der führenden Wissenschafter auf dem Gebiet der Wasserstruktur-forschung.

Escherichia-coli-Bakterien mit einer Keimzahl von 3160/100ml (= log 3,5) waren in einem unbelebten Wasser 21 Tage nachweisbar. Wurde das gleiche Wasser mit Hilfe der Grander-Technologie belebt, beschleunigte dies das Absterben der Coli-Bakterien: Schon nach sieben Tagen waren sie nicht mehr nachweisbar. Beide Grander-Beleber führten zum gleichen Ergebnis.

Senkung der mutagenen Wirkung von Organo-Chlorverbindungen in gechlortem Moskauer Trinkwasser durch die Grander-Technologie um bis zu 70 % des Ausgangswertes. Nachweis mit Hilfe des Ames-Tests.

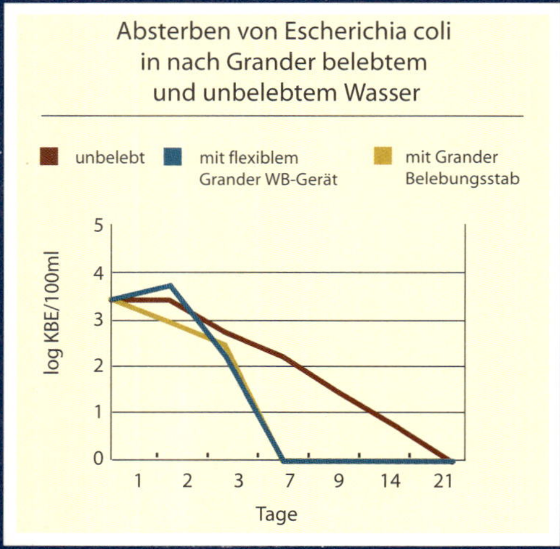

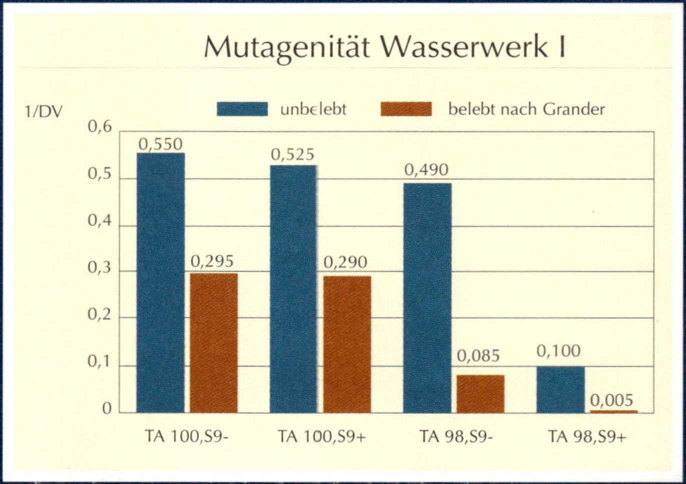

Die Abnahme der Aktivität der Radionukleide durch den Einsatz der Grander-Technologie beträgt bis über 20 %. Die unterschiedlichen Messergebnisse zwischen dem flexiblen Gerät und dem Belebungsstab erklären sich durch eine unterschiedliche Einwirkzeit. So wurde das mit dem flexiblen Gerät belebte Wasser 10 Sekunden und das mit dem Belebungsstab belebte Wasser 24 Stunden stehen gelassen, bevor die Messung durchgeführt wurde.

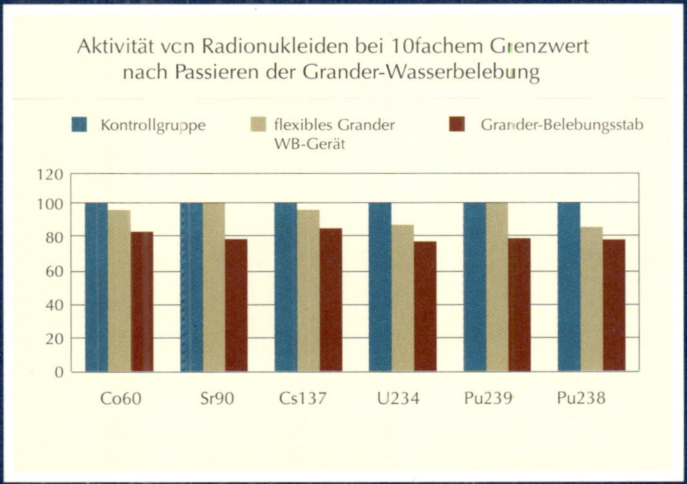

Im Sommer 1997 wurde ein umfassendes Forschungsprogramm erstellt, dass alle Eventualitäten für den Fall eines Imports der Grander-Technologie nach Russland berücksichtigte. Russland verfügt über fast unüberwindlich strenge Importbestimmungen für jede Form der Wasseraufbereitungstechnologie. Inzwischen hat sich das Projekt verselbstständigt, mindestens ein bis zweimal pro Jahr kommen Kondratow und Rachmanin nach Österreich, um hier die neuesten Ergebnisse zu diskutieren. Beide Männer sind der Meinung, dass der Tiroler Naturbeobachter Johann Grander der Wissenschaft einen Impuls gegeben habe, dessen Ausmaß heute noch gar nicht abzusehen ist. Rachmanin und Kondratow sind von der Wasserbelebung so fasziniert, dass ein Dauerprojekt aus ihr wurde. Die derzeit wichtigsten Ergebnisse ihrer Forschungsarbeit: Im Vergleich zu unbelebtem Wasser ist belebtes in der Lage, Radioaktivität schneller abzusenken und die mikrobiologische Situation zu verbessern. Die Selbstregenerationskraft von belebtem Wasser ist deutlich erhöht. Dies ergab eine umfangreiche mikrobiologische Analyse bei Salmonellen, coliformen Keimen, Klebsiellia und Legionellen. Vor allem aber haben Erkenntnisse über die Senkung der Mutagenität im Trinkwasser Rachmanin und Kondratow veranlasst, ihre Forschungen über Johann Granders belebtes Wasser weltweit als Entdeckung anzumelden und sich damit das Urheberrecht auf einen wissenschaftlichen Nachweis gesichert. Zum besseren Verständnis: Mutagenität bedeutet die Veränderung des Erbgutes durch äußeren Einfluss. Sie entsteht, wenn gechlortes Wasser mit organischen Stoffen zusammentrifft. Die daraus entstehenden Organochlorverbindungen können erbgutverändernd sein.

Forschungen in China

In China wurde die Grandersche Wasserbelebung bereits im Jahre 1993 mit großer Offenheit und Neugierde aufgenommen. Die staatlichen chinesischen Eisenbahnen testeten den ECO-Kat, ein Produkt aus der Palette der Grander-Technologie, das an Treibstoffzuleitungen für Verbrennungsmotoren montiert wird. Die Tests ergaben verbesserte Abgasqualität und verminderten Treibstoffverbrauch. Seit das Buch *Auf der Spur des Wasserrätsels* über Initiative des fernöstlichen Grander-Anhängers Tat Chee Tam aus Hongkong in chinesischer Sprache erschienen ist, herrscht in China fast so etwas wie eine Experimentierwut. Im Reich der Mitte setzt man auf die praktische Anwendung und den unmittelbaren Nutzen. Zwei Arbeiten stechen auf Grund ihrer besonderen Qualität und Nachvollziehbarkeit hervor. Es handelt sich einerseits um eine Pflanzenwuchsstudie des Instituts zur Erforschung und zur Qualitätssicherung von Gemüse im Ministerium für Landwirtschaft in Peking und um

Bei den Dalian Marine Diesel Works , einer chinesischen Schiffswerft, wurden Versuchsreihen mit dem ECO-Kat bei 15.000 PS-Motoren, erfolgreich durchgeführt.

Tat Chee Tam ist Geschäftsführer von Full Comfort in Hongkong, der Generalvertriebsfirma für Grander-Produkte im Raum Südostasien, Australien und Neuseeland.

eine Diplomarbeit an der Polytechnischen Universität in Hongkong, bei der es um den Versuch ging, in einer Textilfärberei bei gleichzeitiger Reduktion von Chemikalien eine Verbesserung der Farbqualität herbeizuführen.

Im Pekinger Testing Center for Vegetable Quality führte man eine Wachstumsstudie bei Youcai-Blattgemüse, Tomaten und Radieschen durch, die in verschiedenen Feldern angebaut wurden, wobei vier Felder mit unbelebtem Wasser bewässert wurden. Um eine bestmögliche Vergleichbarkeit zu gewährleisten, wurden alle Versuchsfelder für die Wasserkulturen exakt aus derselben Grundsubstanz aufgebaut: Graskohle, Feuerungsschlacke und Vermikulit. Das Ergebnis der Versuche: Bei den Radieschen fiel auf, dass sich nach anfänglich starker Entwicklung der Blätter oberhalb der Erde die Zunahme der Masse mit fortschreitender Entwicklung mehr auf die Frucht konzentrierte. Bei unbelebten Pflanzen ging der Wachstumsprozess unterhalb und oberhalb der Erde eher gleichmäßig vor sich. Bei den Tomaten war festzustellen, dass die Grünmasse und der Trockenanteil des Wurzelwerks der Pflanzen in ihrer Frühphase um bis zu 71 % höher lagen als bei der unbelebten Kontrollgruppe. Die Erhöhung des Zuckergehalts sowie von Mineralstoffen, Lykopin und des Zucker-Säure-Verhältnisses verbesserten die Qualität und den Geschmack der Früchte. Ohne Zufuhr von Düngemitteln, nur durch die Wasserbelebung, wurde der Ertrag wesentlich gesteigert. Das chinesische Institut ist weltweit anerkannt; die Ergebnisse wurden auch von der *WHO* akzeptiert.

Bei der Diplomarbeit aus Hongkong ging es darum, zu verifizieren, ob belebtes Wasser Einfluss auf die Farbqualität und den benötigten Einsatz von Chemikalien hat. Alle Textilfärber wissen, dass die Wasserqualität für die Farbqualität von entscheidender Bedeutung ist. Neben einer deutlichen Reduktion des Chemikalieneinsatzes waren die Farbunterschiede signifikant. Die vollständigen Studien sind in deutscher, englischer und chinesischer Sprache veröffentlicht worden.

Untersuchungen in Österreich

In Österreich schließt sich der Kreis der ersten wissenschaftlichen Annäherung an die Wasserbelebung. Am Institut für Thermische Verfahrenstechnik und Umwelttechnik der Technischen Universität in Graz wurde unter Aufsicht von Professor Rudolf Marr eine Diplomarbeit mit dem Titel *Physikalische und physikalisch-chemische Daten unter der Verwendung von belebtem und unbelebtem Wasser und der Einsatz der Grander-Wasserbelebung in Betrieben* verfasst. Der Diplomand, Mag. Klaus Faißner, weist in seiner Arbeit erstmals die physikalische Veränderung von nach Grander belebtem Wasser nach. Er untersuchte renommierte technische Betriebe, die

Gewebe, die mit nach Grander belebtem Wasser behandelt werden, sind farbkräftiger und weisen einen höheren Helligkeitswert auf.

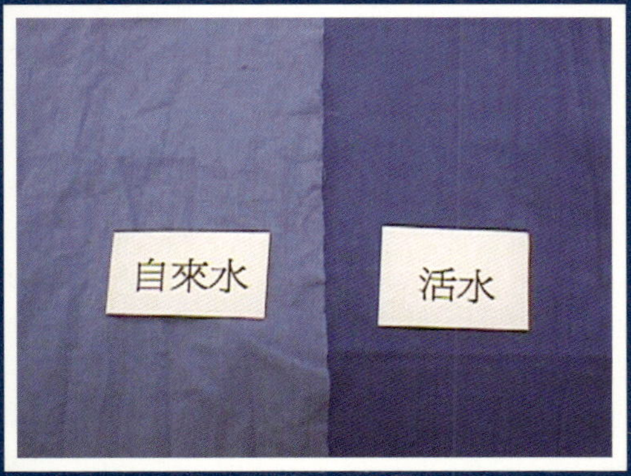

Bei mit belebtem Wasser behandelten Geweben ist der Weißgrad höher, d. h. es werden Farbpigmente und Verunreinigungen besser entfernt.

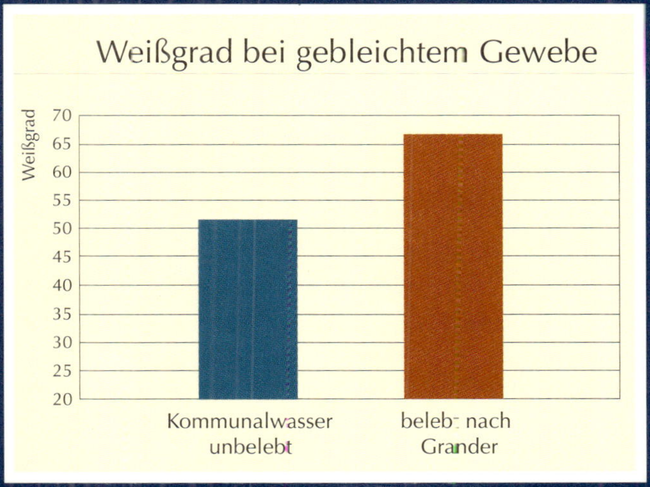

ihren Chemieeinsatz, vor allem den von Bioziden, durch den Einsatz der Grander-Technologie insbesondere in Kühlkreisläufen massiv reduziert hatten. Eine gravierende Veränderung war messbar. Belebtes Wasser hatte eine um 17 % reduzierte Oberflächenspannung.

Mit der Wasserbelebung ist es Johann Grander gelungen, die Neugierde der Wissenschaft herauszufordern. Es wird wieder mit Wasser experimentiert, über Wasser wird wieder geforscht und geredet. Die Russische Akademie der Naturwissenschaften, der mehrere Nobelpreisträger angehören, hat Johann Grander die höchste Auszeichnung verliehen, die an einen Ausländer vergeben werden kann: Am 13. September 2000 wurde Johann Grander das Silberne Ehrenzeichen der Russischen Akademie der Naturwissenschaften in einem feierlichen Akt überreicht. In seiner Festrede betonte der Vizepräsident der Akademie: „Für die moderne Naturwissenschaft des 21. Jahrhunderts ist es von entscheidender Bedeutung, beobachtete Naturphänomene stärker einzubinden. Johann Grander hat uns einen faszinierenden Weg dazu gezeigt."

Die Republik Österreich ehrte Johann Grander ein Jahr später mit dem Ehrenkreuz für Wissenschaft und Kunst.

Eine russisch-herzliche Umarmung anlässlich der Verleihung des Silbernen Ehrenzeichens der Russischen Akademie der Naturwissenschaften als symbolischer Brückenschlag zwischen Wissenschafter und Naturforscher.

Die Autorin

Dr. Susanne Dobesch wurde 1957 in Wien geboren. Sie promovierte 1980 zum Doktor der Rechtswissenschaften und war jahrelang als Juristin tätig, bis sie sich zur Gänze der Schriftstellerei widmete. Neben ihrer freiberuflichen Tätigkeit als Lektorin verfasste sie diverse Essays, Kurzgeschichten und einen Gedichtband. Susanne Dobesch lebt heute im burgenländischen Bad Sauerbrunn.

Danksagung

Dieses Werk entstand in enger Zusammenarbeit mit der gesamten Familie Grander. Alle Familienmitglieder standen uns viele Stunden lang zur Verfügung, um eine möglichst genaue Darstellung von Johann Granders Vita, seiner philosophisch-religiösen Gedankenwelt und nicht zuletzt seines Lebenswerkes in Wort und Bild festzuhalten.

Weiters gilt unserer Dank Astrid Daxerer, Georg Huber, DI Johannes Larch und Mag. Peter Ortner, da ohne sie dieses Buch nie zustande gekommen wäre.

Bildnachweis

Contrast: Seite 147
Die Fotografen: Seite 1, 13, 14, 18, 21, 22 r., 23 r., 137 r., 138, 149, 150, 151 r., 155 r., 159
Horst Felsch: Seite 23 l.
Innutec: Seite 19 l., 22 l., 27, 28, 31, 33, 34, 38–41, 47, 49, 53, 54, 56, 57, 59, 61, 62, 65–67, 71–74, 79, 81, 83, 91, 96, 100, 101, 113, 119 r., 121, 122, 125, 126–129, 133–136, 137 l., 155 l., 157 l.
Johannes Koppensteiner: Seite 115, 151 l.
Franz Pflügel: Seite 145
Pix: Seite 107
Barbara Sommersacher: Seite 19 r., 131
Tony Stone: Seite 104
Manuela Strasser: Seite 99
Transglobe: Seite 88, 111
U. V. O.: Seite 119 l.

Weiterführende Literatur

Grander Journal I und II

Aus den Inhalten:

Essay
Gedanken zum Wasser

Report
Von China bis Australien

Anwender
„Unser Leben ist jetzt anders“ und neue Anwenderberichte

Thema
Grenzen des Wissens

Tischgespräch
Johann Grander spricht mit seinen Freunden

Wissenschaft
Wasser für die Ewigkeit

Ein Fest für Johann Grander
Die Ehrung

Die Granders
Ein Familienporträt

und vieles mehr

Weitere Informationen über die Grander-Produktpalette erhalten Sie unter **www.grander.com**

Grander Journal III

Die Experimentierfreudigkeit der Grander-Anwender bringt immer wieder neue überraschende Ergebnisse und erweitern ständig den Erfahrungsschatz rund um die Wasserbelebung. Sie geben gerne ihre verblüffenden Erfahrungen weiter. Die Mund-zu-Mund-Propaganda trägt entscheidend zur Verbreitung der Grander-Technologie bei.

Mittlerweile werden auch in gewerblichen Betrieben und industriellen Großkonzernen Grander-Geräte eingesetzt.

Für seine Arbeit rund um die Wasserbelebung wurde Johann Grander vom Bundespräsidenten mit dem Österreichischen Ehrenkreuz für Wissenschaft und Kunst ausgezeichnet.

Die Journale sind kostenlos unter **www.uranus.at** erhältlich.